VIES DES HOMMES ILLUSTRES

ROMAIN ROLLAND

VIE

DE

MICHEL-ANGE

AVEC UN PORTRAIT

QUATRIÈME ÉDITION REVUE

PARIS

LIBRAIRIE HACHETTE ET Cⁱᵉ

79, BOULEVARD SAINT-GERMAIN, 79

1913

2 fr.

VIE

DE

MICHEL-ANGE

OUVRAGES DE M. ROMAIN ROLLAND

LIBRAIRIE HACHETTE ET Cie

Le Théâtre de la Révolution. Un vol. in-16, br. . . . . 3 fr. 50
    On vend séparément: *Le 14 Juillet. — Les Loups.*
    Chaque vol. in-16, br. . . . . 1 fr. 50
Le Théâtre du Peuple. Essai d'esthétique d'un théâtre
    nouveau. Un vol. in-16, br. . . . . 3 fr. 50
Musiciens d'autrefois. Un vol. in-16, br. . . . . 3 fr. 50
Musiciens d'aujourd'hui. Un vol. in-16, br. . . . . . . 3 fr. 50

VIES
DES HOMMES ILLUSTRES

Vie de Beethoven. Un vol. in-16, br. . . . . 2 fr. »
Vie de Michel-Ange. Un vol. in-16, br. . . . . 2 fr. »
Vie de Tolstoï. Un vol. in-16, br. . . . . , . . 2 fr. »

LIBRAIRIE OLLENDORFF

Jean-Christophe. Quatre vol. in-16, br.
    I. *L'Aube.* Un vol.
    II. *Le Matin.* Un vol.
    III. *L'Adolescent.* Un vol.
    IV. *La Révolte.* Un vol.

Jean-Christophe à Paris. Trois vol. in-16, br.
    I. *La Foire sur la Place.* Un vol.
    II. *Antoinette.* Un vol.
    III. *Dans la Maison.* Un vol.

La Fin du Voyage.
    I. *Les Amies.* Un vol. in-16, br.
    II. *Le Buisson ardent.* Un vol. in-16, br. . . . . 3 fr. 50
    Chaque vol. . . . . 3 fr. 50

1658-12. — Coulommiers. Imp. PAUL BRODARD — P11-12.

ROMAIN ROLLAND

—

VIE DE MICHEL-ANGE

AVEC UN PORTRAIT

QUATRIÈME ÉDITION REVUE

PARIS

LIBRAIRIE HACHETTE ET Cie

79, BOULEVARD SAINT-GERMAIN, 79

—

1913

Il est, au Museo Nazionale de Florence, une statue de marbre, que Michel-Ange appelait le Vainqueur. C'est un jeune homme nu, au beau corps, les cheveux bouclés sur le front bas. Debout et droit, il pose son genou sur le dos d'un prisonnier barbu, qui ploie, et tend sa tête en avant, comme un bœuf. Mais le vainqueur ne le regarde pas. Au moment de frapper, il s'arrête, il détourne sa bouche triste et ses yeux indécis. Son bras se replie vers son épaule. Il se rejette en arrière; il ne veut plus de la victoire, elle le dégoûte. Il a vaincu. Il est vaincu.

Cette image du Doute héroïque, cette Victoire aux ailes brisées, qui, seule de toutes les œuvres de Michel-Ange, resta jusqu'à sa mort dans son atelier de Florence, et dont Daniel de Volterre, confident de ses pensées, voulait orner son catafalque, — c'est Michel-Ange lui-même, et le symbole de toute sa vie.

La souffrance est infinie, elle prend toutes les formes. Tantôt elle est causée par la tyrannie aveugle des

choses : la misère, les maladies, les injustices du sort, les méchancetés des hommes. Tantôt elle a son foyer dans l'être même. Elle n'est pas alors moins pitoyable, ni moins fatale; car on n'a pas eu le choix de son être, on n'a demandé ni à vivre, ni à être ce qu'on est.

Cette dernière souffrance fut celle de Michel-Ange. Il eut la force, il eut le bonheur rare d'être taillé pour lutter et pour vaincre, il vainquit. — Mais quoi? Il ne voulait pas de la victoire. Ce n'était pas là ce qu'il voulait. — Tragédie d'Hamlet! Contradiction poignante entre un génie héroïque et une volonté qui ne l'était pas, entre des passions impérieuses et une volonté qui ne voulait pas!

Qu'on n'attende pas de nous qu'après tant d'autres nous voyions là une grandeur de plus! Jamais nous ne dirons que c'est parce qu'un homme est trop grand, que le monde ne lui suffit pas. L'inquiétude d'esprit n'est pas un signe de grandeur. Tout manque d'harmonie entre l'être et les choses, entre la vie et ses lois, même chez les grands hommes, ne tient pas à leur grandeur: il tient à leur faiblesse. — Pourquoi chercher à cacher cette faiblesse? Celui qui est plus faible est-il moins digne d'amour? — Il en est bien plus digne, car il en a plus besoin. Je n'élève point des statues de héros inaccessibles. Je hais l'idéalisme couard, qui détourne les yeux des misères de la vie et des faiblesses de l'âme. Il faut le dire à un peuple trop sensible aux illusions décevantes des paroles sonores : le mensonge héroïque est *une lâcheté. Il n'y a qu'un héroïsme au monde : c'est de voir le monde tel qu'il est, — et de l'aimer.*

* *
*

Le tragique du destin que je présente ici, c'est qu'il offre l'image d'une souffrance innée, qui vient du fond de l'être, qui le ronge sans relâche, et qui ne le quittera plus avant de l'avoir détruit. C'est un des types les plus puissants de cette grande race humaine, qui, depuis dix-neuf siècles, remplit notre Occident de ses cris de douleur et de foi : — le chrétien.

Un jour, dans l'avenir, au fond des siècles, — (si le souvenir de notre terre s'est encore conservé), — un jour, ceux qui seront se pencheront sur l'abîme de cette race disparue, comme Dante au bord de Malebolge, — avec un mélange d'admiration, d'horreur et de pitié.

Mais qui le sentira mieux que nous, qui avons été mêlés, enfants, à ces angoisses, — qui avons vu s'y débattre les êtres qui nous sont le plus chers, — nous, dont la gorge connaît l'odeur âcre et enivrante du pessimisme chrétien, — nous à qui il a fallu faire, certains jours, un effort pour ne pas céder, comme d'autres, dans les moments de doute, au vertige du Néant Divin!

Dieu! Vie éternelle! Refuge de ceux qui ne réussissent point à vivre ici-bas! Foi, qui n'es bien souvent qu'un manque de foi dans la vie, un manque de foi dans l'avenir, un manque de foi en soi-même, un manque de

11

Romain Rolland

courage et un manque de joie!... Nous savons sur com-
bien de défaites est bâtie votre douloureuse victoire!...

Et c'est pour cela que je vous aime, chrétiens, car je
vous plains. Je vous plains et j'admire votre mélancolie.
Vous attristez le monde, mais vous l'embellissez. Le
monde sera plus pauvre, quand votre douleur n'y sera
plus. Dans cette époque de lâches, qui tremblent
devant la douleur et revendiquent avec bruit leur droit
au bonheur, qui n'est le plus souvent que le droit au
malheur des autres, osons voir la douleur en face et la
vénérer! Louée soit la joie, et louée la douleur! L'une
et l'autre sont sœurs, et toutes deux sont saintes. Elles
forgent le monde et gonflent les grandes âmes. Elles
sont la force, elles sont la vie, elles sont Dieu. Qui ne
les aime point toutes deux n'aime ni l'une, ni l'autre.
Et qui les a goûtées sait le prix de la vie et la douceur
de la quitter.

ROMAIN ROLLAND

la vie de Michel-Ange

MICHEL-ANGE

MICHEL-ANGE

C'était un bourgeois florentin, — de cette Florence
aux palais sombres, aux tours jaillissantes comme des
lances, aux collines souples et sèches, finement ciselées
sur le ciel de violettes, avec les fuseaux noirs de leurs
petits cyprès et l'écharpe d'argent des oliviers frisson-
nant comme des flots, — de cette Florence à l'élégance
aiguë, où la blême figure ironique de Laurent de Médicis et Machiavel à la grande bouche madrée rencontraient
la *Primavera* et les Vénus chlorotiques de Botticelli,
aux cheveux d'or pâle, — de cette Florence fiévreuse,
orgueilleuse, névrosée, en proie à tous les fanatismes,
secouée par toutes les hystéries religieuses ou sociales,
où chacun était libre et où chacun était tyran, où il faisait si bon vivre et où la vie était un enfer, — de cette
ville aux citoyens intelligents, intolérants, enthousiastes,
haineux, à la langue acérée, à l'esprit soupçonneux,
s'épiant, se jalousant, se dévorant les uns les autres, —
cette ville, où il n'y avait pas de place pour le libre
esprit d'un Léonard, — où Botticelli finissait dans le
mysticisme halluciné d'un puritain d'Écosse, — où
Savonarole au profil de bouc, aux yeux ardents, faisait

17

danser des rondes à ses moines autour du bûcher qui brûlait les œuvres d'art, — et où, trois ans plus tard, le bûcher se relevait pour brûler le prophète.

*
* *

De cette ville et de ce temps il fut, avec tous leurs préjugés, leurs passions et leur fièvre.

Certes, il n'était pas tendre pour ses compatriotes. Son génie de plein-air, à la large poitrine, méprisait leur art de cénacles, leur esprit maniéré, leur réalisme plat, leur sentimentalisme, leur subtilité morbide. Il les rudoyait; mais il les aimait. Il n'avait point pour sa patrie l'indifférence souriante de Léonard. Loin de Florence, il était rongé de nostalgie. (1) Toute sa vie, il s'épuisa en vains efforts pour y vivre. Il fut avec Florence, aux heures tragiques de la guerre; et il voulut « y revenir au moins mort, puisque vivant il n'avait pu ». (2)

Vieux Florentin, il avait la fierté de son sang et de sa race. (3) Il en était plus fier que de son génie même.

---

(1) « Je tombe de temps en temps dans une grande mélancolie, comme il arrive à ceux qui sont loin de leur foyer. » (Lettre du 19 août 1497. Rome)

(2) Il pensait à lui-même, quand il faisait dire à son ami Cecchino dei Bracci, un des Florentins bannis, qui vivaient à Rome : « La mort m'est chère; car je lui dois le bonheur de revenir dans ma patrie, qui, vivant, m'était fermée. » (Poésies de Michel-Ange, édition Carl Frey, LXXIII, 24)

(3) Les Buonarroti Simoni, originaires de Settignano, sont mentionnés dans les chroniques florentines, depuis le douzième siècle. Michel-Ange ne l'ignorait pas : il connaissait sa généalogie. « Nous sommes des bourgeois, de la plus noble race. » (Lettre à son neveu Lionardo, décembre 1546) — Il s'indignait que son neveu songeât à s'anoblir: « C'est ne pas se respecter . chacun sait que nous sommes de vieille bourgeoisie florentine et nobles autant que qui que ce soit. » (Février 1549) — Il essaya de relever sa race, de faire reprendre aux siens le vieux nom des Simoni,

18

Il ne permettait pas qu'on le regardât comme un artiste :

« Je ne suis pas le sculpteur Michelagniolo... Je suis Michelagniolo Buonarroti... » (1)

Il était aristocrate d'esprit et avait tous les préjugés de caste. Il allait jusqu'à dire que « l'art devrait être exercé par des nobles, et non par des plébéiens ». (2)

Il avait de la famille une conception religieuse, antique, presque barbare. Il lui sacrifiait tout et voulait que les autres fissent de même. Il se serait, comme il disait, « vendu pour elle comme esclave ». (3) L'affection entrait là pour peu de chose. Il méprisait ses frères, qui le méritaient bien. Il méprisait son neveu, — son héritier. Mais en lui, en eux, il respectait les représentants de sa race. Sans cesse, ce mot revient dans ses lettres

« ... Notre race... *la nostra gente*... soutenir notre race... que notre race ne meure pas... »

––––––––––

de fonder à Florence une maison patricienne ; mais il se heurta toujours à la médiocrité de ses frères. Il rougissait de penser que l'un d'eux (Gismondo) poussait la charrue et menait la vie de paysan. — En 1520, le comte Alessandro de Canossa lui écrivit qu'il avait trouvé dans ses archives de famille la preuve qu'ils étaient parents. L'information était fausse ; mais Michel-Ange y crut ; il voulut acquérir le château de Canossa, berceau prétendu de sa race. Son biographe, Condivi, inscrivit, sur ses indications, au nombre de ses ancêtres, Béatrice, sœur de Henri II, et la grande comtesse Mathilde.

En 1515, à l'occasion de la venue de Léon X à Florence, Buonarroto, frère de Michel-Ange, fut nommé *comes palatinus*, et les Buonarroti reçurent le droit de mettre dans leurs armes la *palla* des Médicis, avec trois lis, et le chiffre du pape.

(1) « Je n'ai jamais été, continue-t-il, un peintre ni un sculpteur, qui fait commerce de l'art. Je m'en suis toujours gardé pour l'honneur de ma race. » (Lettre à Lionardo, 2 mai 1548)

(2) Condivi.

(3) Lettre à son père, du 19 août 1497. — Il ne fut « émancipé » par son père, que le 13 mars 1508, à trente-trois ans. (Acte officiel, enregistré le 28 mars suivant)

Toutes les superstitions, tous les fanatismes de cette race dure et forte, il les eut. Ils furent le limon, dont son être fut formé. Mais de ce limon jaillit le feu qui purifie tout : le génie.

* *

Qui ne croit pas au génie, qui ne sait ce qu'il est, qu'il regarde Michel-Ange. Jamais homme n'en fut ainsi la proie. Ce génie ne semblait pas de la même nature que lui : c'était un conquérant qui s'était rué en lui et le tenait asservi. Sa volonté n'y était pour rien; et l'on pourrait presque dire : pour rien, son esprit et son cœur. C'était une exaltation frénétique, une vie formidable dans un corps et une âme trop faibles pour la contenir.

Il vivait dans une fureur continue. La souffrance de cet excès de force dont il était comme gonflé l'obligeait à agir, agir sans cesse, sans une heure de repos.

« Je m'épuise de travail, comme jamais homme n'a fait, écrivait-il, je ne pense à rien autre qu'à travailler nuit et jour. »

Ce besoin d'activité maladif ne lui faisait pas seulement accumuler les tâches et accepter plus de commandes qu'il n'en pouvait exécuter : cela dégénérait en manie. Il voulait sculpter des montagnes. S'il avait un monument à bâtir, il perdait des années dans les carrières à faire choix de ses blocs, à construire des routes pour leur transport; il voulait être tout : ingénieur, manœuvre, tailleur de pierres ; il voulait tout faire lui-même, élever des palais, des églises, à lui tout seul. C'était une vie de forçat. Il ne s'accordait même pas le temps de manger

et de dormir. A chaque instant, dans ses lettres, revient
ce lamentable refrain :

« J'ai à peine le temps de manger... Je n'ai pas le
temps de manger... Depuis douze ans, je ruine mon
corps par les fatigues, je manque du nécessaire... Je
n'ai pas un sou, je suis nu, je souffre de mille peines...
Je vis dans la misère et dans les peines... Je lutte avec
la misère... » (1)

Cette misère était imaginaire. Michel-Ange était
riche ; il se fit riche, très riche. (2) Mais que lui servait-il
de l'être ? Il vivait comme un pauvre, attaché à sa
tâche, comme un cheval à sa meule. Personne ne pouvait comprendre qu'il se torturât ainsi. Personne ne
pouvait comprendre qu'il n'était pas le maître de ne pas
se torturer, que c'était une nécessité pour lui. Son père
même, qui avait beaucoup de traits de ressemblance
avec lui, lui faisait des reproches :

Ton frère m'a dit que tu vis avec une grande économie,
et même d'une façon misérable : l'économie est bonne ; mais
la misère est mauvaise : c'est un vice qui déplaît à Dieu et
aux hommes ; elle nuira à ton âme et à ton corps. Tant que
tu seras jeune, cela ira encore ; mais quand tu ne le seras
plus, les maladies et les infirmités, qui auront pris naissance
dans cette vie mauvaise et misérable, sortiront toutes au

---

(1) *Lettres,* 1507, 1509, 1512, 1513, 1525, 1547.
(2) On trouva, après sa mort, dans sa maison de Rome, 7 à
8.000 ducats d'or, évalués à 4 ou 500.000 francs d'aujourd'hui. De
plus, Vasari dit qu'il avait déjà donné en deux fois à son neveu
7.000 écus, et 2.000 à son serviteur Urbino. Il avait de grosses
sommes placées à Florence. La *Denunzia de' beni* de 1534 montre
qu'il possédait alors six maisons et sept terres, à Florence, Settignano, Rovezzano, Stradello, San Stefano de Pozzolatico, etc. Il avait
la passion de la terre. Il en achetait constamment : en 1505, 1506,
1512, 1515, 1517, 1518, 1519, 1520, etc. C'était là chez lui une hérédité
de paysan. D'ailleurs, s'il amassait, ce n'était pas pour lui : il
dépensait pour les autres, et se privait de tout.

2

jour. Évite la misère, vis avec modération, fais attention à ne pas manquer du nécessaire, garde-toi de l'excès de travail... (1)

Mais nuls conseils n'y firent jamais rien. Jamais il ne consentit à se traiter d'une façon plus humaine. Il se nourrissait d'un peu de pain et de vin. Il dormait quelques heures à peine. Quand il était à Bologne, occupé à la statue de bronze de Jules II, il n'avait qu'un lit pour lui et ses trois aides. (2) Il se couchait tout habillé et tout botté. Une fois, ses jambes enflèrent, il fallut fendre les bottes : en les enlevant, la peau des jambes vint avec.

Cette hygiène effroyable fit que, comme son père l'en avait averti, il fut constamment malade. On relève dans ses lettres les traces de quatorze ou quinze maladies graves. (3) Il avait des fièvres, qui le mirent plus

---

(1) Suivent quelques conseils d'hygiène, qui montrent la barbarie du temps : « Avant tout, soigne ta tête, tiens-toi modérément chaud, *et ne te lave jamais* : fais-toi nettoyer, *et ne te lave jamais.* » *Lettres* : 19 décembre 1500.

(2) *Lettres*, 1506.

(3) En septembre 1517, au temps de la façade de San Lorenzo et du *Christ* de la Minerve, il est « malade, à la mort ». En septembre 1518, aux carrières de Seravezza, il tombe malade de surmenage et d'ennuis. Nouvelle maladie, en 1520, à l'époque de la mort de Raphaël. A la fin de 1521, un ami, Lionardo sellajo, le félicite « d'être guéri d'une maladie, dont peu réchappent ». En juin 1531, après la prise de Florence, il ne dort plus, il ne mange plus, il a la tête et le cœur malades; cet état se prolonge jusqu'à la fin de l'année; ses amis le croient perdu. En 1539, il tombe de son échafaudage de la Sixtine, et se casse la jambe. En juin 1544, il a une fièvre très grave; il est soigné dans la maison des Strozzi, à Florence, par son ami Luigi del Riccio. En décembre 1545 et janvier 1546, il a une dangereuse rechute de cette fièvre, qui le laisse très affaibli; il est de nouveau soigné chez les Strozzi, par Riccio. En mars 1549, il souffre cruellement de la pierre. En juillet 1555, il est torturé par la goutte. En juillet 1559, il souffre, de nouveau, de la pierre et de douleurs de toute sorte; il est très affaibli. En août 1561, il a une attaque; « il tombe sans conscience, avec des mouvements convulsifs ».

d'une fois près de la mort. Il souffrait des yeux, des dents, de la tête, du cœur. (1) Il était rongé de névralgies, surtout quand il dormait ; le sommeil lui était une souffrance. Il fut vieux de bonne heure. A quarante-deux ans, il avait le sentiment de sa décrépitude. (2 A quarante-huit ans, il écrit que s'il travaille un jour, il doit se reposer quatre. (3) Il refusait obstinément de se laisser soigner par aucun médecin.

Plus encore que son corps, son esprit subit les conséquences de cette vie de travail forcené. Le pessimisme le minait. C'était chez lui un mal héréditaire. Jeune, il s'épuisait à rassurer son père, qui semble avoir eu, par moments, des accès de délire de la persécution. (4) Michel-Ange était plus atteint lui-même que celui qu'il soignait. Cette activité sans relâche, cette fatigue écrasante, dont il n'arrivait jamais à se reposer, le livraient sans défense à toutes les aberrations de son esprit qui tremblait de soupçons. Il se défiait de ses ennemis. Il se défiait de ses amis. (5) Il se défiait de ses parents, de

---

(1) « *Febbre, fianchi dolor, morbi ochi e denti.* » *Poésies*, LXXXII.
(2) Juillet 1517. Lettre écrite de Carrare à Domenico Buoninsegni.
(3) Juillet 1523. Lettre à Bart. Angiolini.
(4) A tout instant, dans ses lettres à son père : « *Ne vous tourmentez pas...* » (Printemps 1509) — « *Cela me fait de la peine que vous oviez dans une telle angoisse ; je vous en conjure, ne pensez plus à cela.* » (27 janvier 1509) — « *Ne vous effrayez pas, ne vous faites pas une once de tristesse.* » (15 septembre 1509)
Le vieux Buonarroti paraît avoir eu, comme son fils, des crises de terreur panique. En 1521, (comme on le verra plus loin), il s'enfuit brusquement de sa propre maison, en criant que son fils l'avait chassé.
(5) « Dans la douceur d'une amitié parfaite, souvent se cache une atteinte à l'honneur et à la vie... » (*Sonnet LXXIV*, à son ami Luigi del Riccio, qui venait de le sauver d'une grave maladie, 1546)
Voir la belle lettre de justification, que lui écrivit, le 15 novembre 1561, son fidèle ami, Tommaso de' Cavalieri, qu'il soup-

ses frères, de son fils adoptif; il les soupçonnait d'attendre impatiemment sa mort.

Tout l'inquiétait; (1) les siens eux-mêmes se moquaient de cette inquiétude éternelle. (2) Il vivait, comme il dit lui-même, « dans un état de mélancolie, ou plutôt de folie ». (3) A force de souffrir, il avait fini par prendre une sorte de goût de la souffrance, il y trouvait une joie amère :

> Plus me plaît ce qui plus me nuit.
> *E più mi giova dove più mi nuoce.* (4)

Tout lui était devenu un sujet de souffrance, —jusqu'à l'amour, (5) — jusqu'au bien. (6)

> Ma joie, c'est la mélancolie.
> *La mia allegrez' è la maninconia.* (7)

---

connaît injustement : — « Je suis plus que certain de ne vous avoir jamais offensé; mais vous croyez trop facilement ceux en qui vous devriez le moins croire... »

(1) « Je vis dans une défiance continuelle... N'ayez confiance en personne, dormez les yeux ouverts... »

(2) Lettres de septembre et octobre 1515 à son frère Buonarroto :
... Ne te moque pas de ce que je t'écris... On ne doit se moquer de personne; et, dans ces temps, vivre dans la crainte et l'inquiétude pour son âme et pour son corps ne peut nuire... En tout temps, il est bon de s'inquiéter... »

(3) Souvent, dans ses lettres, il s'appelle « mélancolique et fou », — « vieux et fou », — « fou et méchant ». — Ailleurs, il se défend de cette folie, qu'on lui reproche, en alléguant « qu'elle n'a jamais fait de tort qu'à lui-même ».

(4) *Poésies,* XLII.

(5) *Che degli amanti è men felice stato*
  Quello ove 'l gran desir gran copia affrena
  C'una miseria, di speranza piena.

« Moindre bonheur est, pour qui aime, la plénitude de la jouissance qui éteint le désir, que la misère, grosse d'espérance. » *(Sonnet CIX, 48)*

(6) « Toute chose m'attriste, écrivait-il... Le bien même, à cause de sa trop courte durée, accable et opprime mon âme non moins que le mal même. »

(7) *Poésies,* LXXXI.

Nul être ne fut moins fait pour la joie, et mieux fait pour la douleur. C'est elle seule qu'il voyait, elle seule qu'il sentait dans l'immense univers. Tout le pessimisme du monde se résume dans ce cri de désespoir, d'une injustice sublime :

Mille joies ne valent pas un seul tourment !...
Mille piacer non vaglion un tormento !... (1)

« Sa dévorante énergie, dit Condivi, le sépara presque entièrement de toute société humaine. »

Il fut seul. — Il haït : il fut haï. Il aima : il ne fut pas aimé. On l'admirait et on le craignait. A la fin, il inspira un respect religieux. Il domine son siècle. Alors, il s'apaise un peu. Il voit les hommes d'en haut, et ils le voient d'en bas. Mais jamais il n'est deux. Jamais il n'a le repos, la douceur accordée au plus humble des êtres : pouvoir, une minute de sa vie, s'endormir dans l'affection d'un autre. L'amour d'une femme lui est refusé. Seule luit, un instant, dans ce ciel désert, l'étoile froide et pure de l'amitié de Vittoria Colonna. Tout autour, c'est la nuit, que traversent les météores brûlants de sa pensée : ses désirs et ses rêves délirants. Jamais Beethoven ne connut une telle nuit. C'est que cette nuit était dans le cœur même de Michel-Ange. Beethoven fut triste par la faute du monde ; il était gai de nature, il aspirait à la joie. Michel-Ange avait en lui la tristesse, qui fait peur aux hommes, et que tous fuient d'instinct. Il faisait le vide autour de lui.

------

(1) *Poésies,* LXXIV.

Ce n'était rien encore. Le pire n'était pas d'être seul. Le pire était d'être seul avec soi, et de ne pouvoir vivre avec soi, de ne pas être maître de soi, de se renier, de se combattre, de se détruire soi-même. Son génie était accouplé avec une âme qui le trahissait. On parle quelquefois de la fatalité qui s'acharna contre lui et l'empêcha d'exécuter aucun de ses grands desseins. Cette fatalité, ce fut lui-même. La clef de son infortune, ce qui explique toute la tragédie de sa vie, — et ce qu'on a le moins vu ou le moins osé voir, — c'est son manque de volonté et sa faiblesse de caractère.

Il était indécis en art, en politique, dans toutes ses actions et dans toutes ses pensées. Entre deux œuvres, deux projets, deux partis, il ne pouvait se résoudre à choisir. L'histoire du monument de Jules II, de la façade de Saint-Laurent, des tombeaux des Médicis, en est la preuve. Il commençait, commençait, n'arrivait pas au bout. Il voulait et ne voulait pas. A peine avait-il fixé son choix, qu'il se mettait à en douter. A la fin de sa vie, il n'achevait plus rien : il se dégoûtait de tout. On prétend que ses tâches lui étaient imposées ; et l'on fait retomber sur ses maîtres la responsabilité de cette fluctuation perpétuelle d'un projet à un autre. On oublie que ses maîtres n'avaient aucun moyen de les lui imposer, s'il avait été décidé à les refuser. Mais il n'osait pas.

Il était faible. Il était faible de toute façon, par vertu et par timidité. Il était faible par conscience. Il se tourmentait de mille scrupules, qu'une nature plus énergique eût rejetés. Il se croyait obligé, par un sentiment exagéré de sa responsabilité, à faire des tâches médiocres, que n'importe quel contremaître eût mieux faites à sa place. (1) Il ne savait ni remplir ses engagements, ni les oublier. (2)

Il était faible par prudence et par crainte. Le même homme, que Jules II appelait « le terrible », « *terribile* », était qualifié par Vasari de « prudent », — trop prudent; et celui « qui faisait peur à tous, même aux papes », (3) avait peur de tous. Il était faible avec les princes. Et pourtant, qui méprisait plus que lui ceux qui étaient faibles avec les princes, — « les ânes de bât des princes », ainsi qu'il les nommait? (4) — Il voulait fuir les papes; et il restait, et il obéissait. (5) Il tolérait des lettres injurieuses de ses maîtres, et il y répondait humblement. (6) Par moments, il se révoltait, il parlait fièrement; — mais il cédait toujours. Jusqu'à sa mort, il se débattit, sans force pour lutter. Clément VII, qui, — contre l'opinion courante, — fut, de tous les papes, celui qui eut le plus de bonté pour lui, connaissait sa faiblesse; et il en avait pitié. (7)

---

(1) Voir les années qu'il passa dans les carrières de Seravezza, pour la façade de San Lorenzo.

(2) Ainsi, pour le *Christ* de la Minerve, dont il avait accepté la commande, en 1514, et qu'il se désolait de n'avoir pas commence, en 1518. « Je meurs de douleur... Je me fais l'effet d'un voleur... » — Ainsi, pour la chapelle Piccolomini, de Sienne, pour laquelle il avait signé, en 1501, un traité stipulant qu'il livrerait son œuvre en trois ans. Soixante ans plus tard, en 1561, il se tourmentait encore de l'engagement non tenu!

(3) « *Facte paura a ognuno insino a' papi* », lui écrivait Sebastiano del Piombo, le 27 octobre 1520.

(4) Conversation avec Vasari.

(5) Ainsi, en 1534, quand il veut fuir Paul III, et finit par se laisser enchaîner à la tâche.

(6) Telle, la lettre humiliante du cardinal Jules de Médicis, (le futur Clément VII), le 2 février 1518, où il soupçonne Michel-Ange de s'être fait acheter par les Carrarais. Michel-Ange s'incline, accepte, écrit « qu'il ne tient à rien autre au monde qu'à lui plaire ».

(7) Voir ses lettres et celles qu'il lui fait écrire par Sebastiano del Piombo, après la prise de Florence. Il s'inquiète de sa santé, de

Il perdait toute dignité en amour. Il s'humiliait devant des drôles, comme Febo di Poggio. (1) Il traitait de « puissant génie » un être aimable, mais médiocre, comme Tommaso de' Cavalieri. (2)

Du moins, l'amour rend ces faiblesses touchantes. — Elles ne sont plus que tristement douloureuses, — on n'ose dire : honteuses, — quand c'est la peur qui en est la cause. Il est pris brusquement de terreurs paniques. Il fuit alors, d'un bout à l'autre de l'Italie, pourchassé par la peur. Il fuit de Florence, en 1494, terrifié par une vision. Il fuit de Florence, en 1529, — de Florence assiégée, qu'il était chargé de défendre. Il fuit jusqu'à Venise. Il est sur le point de fuir jusqu'en France. Il a honte ensuite de cet égarement : il le répare, il rentre dans la ville assiégée, il y fait son devoir jusqu'à la fin du siège. Mais, quand Florence est prise, quand les proscriptions règnent, qu'il est faible et tremblant ! Il va jusqu'à courtiser Valori, le proscripteur, celui qui vient de faire mourir son ami, le noble Battista della Palla. Hélas ! Il va jusqu'à renier ses amis, les bannis florentins. (3)

---

ses tourments. Il publie un bref, en 1531, pour le défendre contre les importunités de ceux qui abusaient de sa complaisance.

(1) Comparer l'humble lettre de Michel-Ange à Febo, en décembre 1533, à la réponse de Febo, en janvier 1534, quémandeuse et vulgaire.

(2) « ... Si je ne possède pas l'art de naviguer sur la mer de votre puissant génie, celui-ci m'excusera et ne me méprisera pas, parce que je ne puis me comparer à lui. Qui est unique en toutes choses, ne peut rien avoir d'égal. » (Michel-Ange à Tommaso de' Cavalieri, premier janvier 1533)

(3) « ... J'ai jusqu'à présent pris garde de parler aux bannis et d'avoir commercé avec eux ; je m'en garderai encore plus, à l'avenir... Je ne parle avec personne ; en particulier, je ne parle pas avec les Florentins. Si l'on me salue dans la rue, je ne puis pourtant pas faire autrement que de répondre amicalement ; mais je passe. Si je savais qui sont les bannis florentins, je ne répondrais en aucune façon... » (Lettre de Rome, en 1548, à son neveu Lionardo, qui

Il a peur. Il a une honte mortelle de sa peur. Il se méprise. Il tombe malade de dégoût de lui-même. Il veut mourir. On croit qu'il va mourir. (1)

Mais il ne peut pas mourir. Il y a en lui une force enragée de vivre, qui renaît chaque jour, pour souffrir davantage. — S'il pouvait au moins s'arracher à l'action! Mais cela lui est interdit. Il ne peut se passer d'agir. Il agit. Il faut qu'il agisse. — Il agit? — Il est agi, il est emporté dans le cyclone de ses passions furieuses et contradictoires, comme un damné de Dante.

Qu'il dut souffrir!

> *Oilme, oilme, pur reiterando*
> *Vo' l mio passato tempo e non ritruovo*
> *In tucto un giorno che sie stato mio!* (2)

Malheur à moi! Malheur! Dans tout mon passé, je ne trouve pas un seul jour, qui ait été à moi!

Il adressait à Dieu des appels désespérés :

> *...... O Dio, o Dio, o Dio!*
> *Chi piu di me potessi, che poss' io?* (3)

O Dieu! O Dieu! O Dieu! qui peut plus en moi, que moi-même?

---

l'avertit qu'on l'accuse à Florence d'avoir des relations avec les bannis, contre qui Cosme II vient de promulguer un édit très sévère)

Il fait bien plus. Il renie l'hospitalité qu'il a reçue, malade, chez les Strozzi :

« Quant au reproche qu'on me fait d'avoir été reçu et soigné, pendant ma maladie, dans la maison des Strozzi, je considère que je n'étais pas dans leur maison, mais dans la chambre de Luigi del Riccio, qui m'était très attaché. » (Luigi del Riccio était au service des Strozzi.) — Il y avait si peu de doute que Michel-Ange eût été l'hôte des Strozzi, et non de Riccio, que lui-même, deux ans auparavant, avait envoyé *les Deux Esclaves* (maintenant au Louvre), à Roberto Strozzi, pour le remercier de son hospitalité.

(1) En 1531, après la prise de Florence, après sa soumission à Clément VII, et ses avances à Valori.

(2) *Poésies*, XLIX. (Probablement vers 1532)

(3) *Ibid.*, VI. (Entre 1504 et 1511)

S'il était affamé de la mort, c'est qu'il voyait en elle la fin de cet esclavage affolant. Avec quelle envie il parle de ceux qui sont morts!

Vous n'êtes plus dans la crainte du changement d'être et de désir... La suite des heures ne vous fait pas violence; la nécessité et le hasard ne vous mènent pas... A peine puis-je 'écrire sans envie. (1)

Mourir! Ne plus être! Ne plus être soi. S'évader de la tyrannie des choses! Échapper à l'hallucination de soi-même!

Ah! faites, faites que je ne retourne plus à moi-même!
De, fate, c'a me stesso piu non torni! (2)

* * *

J'entends ce cri tragique sortir de la face douloureuse, dont les yeux inquiets nous regardent encore, au musée du Capitole. (3)

Il était de grandeur moyenne, large d'épaules, fortement charpenté et musclé. Le corps déformé par le travail, il marchait, la tête levée, le dos creusé et le ventre

---

(1)
. . . .
Ne tem' or piu cangiar vita ne voglia,
Che quasi senza invidia non lo scrivo...
L'ore distinte a voi non fanno forza,
Caso o necessita non vi conduce...
(*Poésies*, LVIII. — Sur la mort de son père, 1534)
(2) *Ibid.*, CXXXV.
(3) La description qui suit s'inspire des divers portraits de Michel-Ange : surtout de celui de Marcello Venusti, qui est au Capitole, de la gravure de François de Hollande, qui date de 1538-1539, de celle de Giulio Bonasoni, qui est de 1546, et de la description de Condivi, faite en 1553. Son disciple et ami Daniel de Volterre, et son serviteur, Antonio del Franzese, firent, après sa mort, plusieurs bustes de lui. Leone Leoni grava, en 1560, une médaille à son effigie.

en avant. Tel nous le montre un portrait de François
de Hollande : debout, de profil, vêtu de noir ; un man-
teau romain sur les épaules ; sur la tête, une chappe
d'étoffe, et sur cette chappe, un grand chapeau de
feutre noir, très enfoncé. (1) Il avait le crâne rond,
le front carré, renflé au-dessus des yeux, sillonné de
rides. Les cheveux étaient noirs, peu fournis, ébouriffés
et frisottants. Les yeux, petits, (2) tristes et forts,
étaient couleur de corne, changeants et mouchetés de
taches jaunâtres et bleuâtres. Le nez, large et droit,
avec une bosse au milieu, avait été écrasé par le coup
de poing de Torrigiani. (3) Des plis profonds se creu-
saient, de la narine au coin des lèvres. La bouche était
fine ; la lèvre inférieure avançait un peu. De maigres
favoris, une barbe de faune, fourchue, peu épaisse, et
longue de quatre à cinq pouces, encadraient les joues
creusées aux pommettes saillantes.

Dans l'ensemble de la physionomie, la tristesse, l'incertitude domine. C'est bien une figure du temps de
Tasse, anxieuse, rongée de doutes. Ses yeux poignants
inspirent, appellent la compassion.

Ne la lui marchandons pas. Donnons-lui cet amour,
auquel il aspira toute sa vie, et qui lui fut refusé. Il a

----

(1) Ainsi le virent encore ceux qui firent ouvrir son cercueil, en
1564, quand son corps fut ramené de Rome à Florence. Il semblait
dormir, son chapeau de feutre sur la tête, et, aux pieds, ses bottes
avec des éperons.
(2) Condivi. Le portrait de Venusti les représente assez larges.
(3) Vers 1490-1492.

connu les plus grands malheurs qui puissent échoir
à l'homme. Il vit sa patrie asservie. Il vit l'Italie livrée
pour des siècles aux barbares. Il vit mourir la liberté. Il
vit, l'un après l'autre, disparaître ceux qu'il aimait.
Il vit, l'une après l'autre, s'éteindre toutes les lumières
de l'art.

Il resta seul, le dernier, dans la nuit qui tombait.
Et, au seuil de la mort, quand il regardait derrière
lui, il n'eut même pas la consolation de se dire qu'il
avait fait tout ce qu'il devait, tout ce qu'il aurait pu
faire. Sa vie lui sembla perdue. En vain, elle avait
été sans joie. En vain, il l'avait sacrifiée à l'idole de
l'art. (1)

Le travail monstrueux auquel il s'était condamné,
pendant quatre-vingt-dix ans de vie, sans un jour de
repos, sans un jour de vraie vie, n'avait même pas
servi à exécuter un seul de ses grands projets. Pas une
de ses grandes œuvres, — de celles auxquelles il tenait
le plus, — pas une n'était achevée. Une ironie du sort
voulut que ce sculpteur (2) ne réussît à mener jusqu'au
bout que ses peintures qu'il fit malgré lui. De ses
grands travaux, qui lui avaient apporté tour à tour

---

(1)   *... L'affectuosa fantasia,*
       Che l'arte mi fece idol' e monarca,...
(Poésies, CXLVII. — Entre 1555 et 1556)
« ... L'illusion passionnée, qui me fit de l'art une idole et un monarque... »
(2) Il s'appelait lui-même « sculpteur », et non pas « peintre ».
« Aujourd'hui, écrit-il, le 10 mars 1508, moi, Michel-Ange, *sculpteur*,
j'ai commencé les peintures de la chapelle (Sixtine). » — « Ce n'est
point là mon métier, écrivait-il un an après... Je perds mon
temps sans utilité. » (27 janvier 1509) — Jamais il ne varia d'avis
sur ce point.

tant d'espoirs orgueilleux et de tourments, les uns,
— (le carton de *la guerre de Pise*, la statue de bronze
de Jules II), — furent détruits de son vivant; les
autres, — (le tombeau de Jules II, la chapelle des
Médicis), — avortèrent piteusement : caricatures de
sa pensée.

Le sculpteur Ghiberti raconte, dans ses *Commentaires*, l'histoire d'un pauvre orfèvre allemand du duc
d'Anjou, « qui était l'égal des statuaires antiques de la
Grèce », et qui, à la fin de sa vie, vit détruire l'œuvre à
laquelle il avait consacré sa vie. — « Il vit alors que
toute sa fatigue avait été inutile; et, se jetant à genoux,
il s'écria : « O Seigneur, maître du ciel et de la terre, toi
« qui fais toutes choses, ne me laisse plus m'égarer et
« suivre d'autres que toi; aie pitié de moi ! » Et aussitôt,
il donna tout ce qu'il avait aux pauvres, se retira dans
un ermitage, et y mourut... »

Comme le pauvre orfèvre allemand, Michel-Ange,
arrivé à la fin de sa vie, contempla amèrement sa vie
vécue en vain, ses efforts inutiles, ses œuvres inachevées,
détruites, inaccomplies.

Alors, il abdiqua. L'orgueil de la Renaissance, le magnifique orgueil de l'âme libre et souveraine de l'univers, se renia avec lui « dans cet amour divin, qui,
pour nous prendre, ouvre ses bras sur la croix ».

> .... *Volta a quell' amor divino*
> *C'aperse a prender noi 'n croce le braccia.* (1)

Le cri fécond de l'*Ode à la Joie* ne fut pas poussé. Ce

---

(1) *Poésies*, CXLVII.

fut, jusqu'au dernier souffle, l'Ode à la Douleur et à la Mort qui délivre. Il fut vaincu tout entier.

*
* *

Tel fut un des vainqueurs du monde. Nous qui jouissons des œuvres de son génie, c'est de la même façon que nous jouissons des conquêtes de nos ancêtres : nous ne pensons plus au sang versé.

> *Non vi si pensa*
> *Quanto sangue costa.* (1)

J'ai voulu étaler ce sang aux yeux de tous, j'ai voulu faire flotter, au-dessus de nos têtes, l'étendard rouge des héros.

------

(1) Dante : *Paradis*, XXIX, 91.

LA LUTTE

Portrait de Michel-Ange par Marcello Venusti, Musée
du Capitole, Rome

PORTRAIT DE MICHEL-ANGE
PAR MARCELLO VENUSTI

Musée du Capitole, Rome

I

LA FORCE

*Davide cholla fromba
e io choll' archo,*

Michelagniolo. (1)

Il naquit, le 6 mars 1475, à Caprese, en Casentin. Apre pays, « air fln », (2) rochers et bois de hêtres, que domine l'échine de l'Apennin osseux. Non loin, François d'Assise vit sur le Mont Alvernia paraître le Crucifié.

Le père (3) était podestat de Caprese et Chiusi. C'était un homme violent, inquiet, « craignant Dieu ». La mère (4) mourut, quand Michel-Ange avait six ans. (5) Ils étaient cinq frères : Lionardo, Michelagniolo, Buonarroto, Giovan Simone, et Sigismondo. (6)

---

(1) *Poésies,* I, (sur un feuillet du Louvre, auprès d'esquisses du *David).*

(2) Michel-Ange aimait à dire qu'il devait son génie à « l'air fln de la contrée d'Arezzo ».

(3) Lodovico di Lionardo Buonarroti Simoni. — Le vrai nom de la famille était Simoni.

(4) Francesca di Neri di Miniato del Sera.

(5) Le père se remaria, quelques années plus tard, en 1485, avec Lucrezia Ubaldini, qui mourut en 1497.

(6) Lionardo naquit en 1473; Buonarroto, en 1477; Giovan Simone, en 1479; Sigismondo, en 1481. — Lionardo se fit moine. Ainsi Michel-Ange devint l'aîné, le chef de famille.

37

Il fut mis en nourrice chez la femme d'un tailleur de pierres de Settignano. Plus tard, en plaisantant, il attribuait à ce lait sa vocation de sculpteur. On l'envoya à l'école : il ne s'y occupa que de dessin. « Pour cela, il fut mal vu et souvent cruellement frappé par son père et les frères de son père, qui avaient de la haine pour la profession d'artiste, et à qui il semblait une honte d'avoir un artiste dans leur maison. » (1) Ainsi, il apprit à connaître tout enfant la brutalité de la vie et la solitude de l'esprit.

Son obstination l'emporta sur celle de son père. A treize ans, il entra, comme apprenti, dans l'atelier de Domenico Ghirlandajo, — le plus grand, le plus sain des peintres florentins. Ses premiers travaux eurent tant de succès, que le maître, dit-on, fut jaloux de l'élève. (2) Ils se séparèrent au bout d'un an.

Il avait pris le dégoût de la peinture. Il aspirait à un art plus héroïque. Il passa dans l'école de sculpture, que Laurent de Médicis entretenait, dans les jardins de Saint-Marc. (3) Le prince s'intéressa à lui : il le logea au palais, il l'admit à la table de ses fils; l'enfant se trouva au cœur de la Renaissance italienne, au milieu des collections antiques, dans l'atmosphère poétique et érudite des grands Platoniciens : Marsile Ficin, Benivieni, Ange Politien. Il s'enivra de leur esprit; à vivre dans le monde antique, il se fit une âme antique : il fut un sculp-

---

(1) Condivi.

(2) A vrai dire, on a peine à croire à cette jalousie d'un si puissant artiste. Je ne pense pas, en tout cas, qu'elle ait été la cause du départ précipité de Michel-Ange. Il conserva, jusque dans sa vieillesse, le respect de son premier maître.

(3) Cette école était dirigée par Bertoldo, élève de Donatello.

teur grec. Guidé par Politien, « qui l'aimait fort », il sculpta *le Combat des Centaures et des Lapithes*. (1)

Ce bas-relief orgueilleux, où règnent seules la force et la beauté impassibles, reflète l'âme athlétique de l'adolescent et ses jeux sauvages avec ses rudes compagnons.

Il allait à l'église du Carmine dessiner les fresques de Masaccio, avec Lorenzo di Credi, Bugiardini, Granacci, et Torrigiano dei Torrigiani. Il ne ménageait pas les railleries à ses camarades, moins habiles que lui. Un jour, il s'attaqua au vaniteux Torrigiani. Torrigiani lui écrasa la face d'un coup de poing. Il s'en vantait plus tard : « Je fermai le poing, racontait-il à Benvenuto Cellini ; je le frappai si violemment sur le nez, que je sentis les os et les cartilages s'écraser, comme une oublie. Ainsi, je l'ai marqué pour toute sa vie. » (2)

*
* *

Le paganisme n'avait pas éteint la foi chrétienne de Michel-Ange. Les deux mondes ennemis se disputaient son âme.

En 1490, le moine Savonarole commença ses prédications enflammées sur l'Apocalypse. Il avait trente-sept ans. Michel-Ange en avait quinze. Il vit le petit et frêle prédicateur, que dévorait l'Esprit de Dieu. Il fut glacé d'effroi par la terrible voix qui, de la chaire du

---

(1) *Le Combat des Centaures et des Lapithes* est à la casa Buonarroti de Florence. Du même temps est le *Masque du faune riant*, qui attira à Michel-Ange l'amitié de Laurent de Médicis ; et la *Madone à l'Escalier*, bas-relief de la casa Buonarroti.

(2) C'était vers 1491.

Duomo, lançait la foudre sur le pape, et suspendait sur l'Italie le glaive sanglant de Dieu. Florence tremblait. Les gens couraient dans les rues, pleurant et criant comme des fous. Les plus riches citoyens : Ruccellai, Salviati, Albizzi, Strozzi, demandaient à entrer dans les ordres. Les savants, les philosophes, Pic de la Mirandole, Politien, eux-mêmes abdiquaient leur raison. (1) Le frère aîné de Michel-Ange, Lionardo, se fit Dominicain. (2)

Michel-Ange n'échappa point à la contagion de l'épouvante. Quand approcha celui qu'avait annoncé le prophète : le nouveau Cyrus, l'épée de Dieu, le petit monstre difforme : — Charles VIII, roi de France, — il fut pris de panique. Un songe l'affola.

Un de ses amis, Cardiere, poète et musicien, vit l'ombre de Laurent de Médicis (3) lui apparaître, une nuit, vêtu de haillons, en deuil, à demi nu; le mort lui ordonna de prévenir son fils Pierre, qu'il allait être chassé et qu'il ne retournerait plus jamais dans sa patrie. Michel-Ange, à qui Cardiere confia sa vision, l'engagea à tout raconter au prince; mais Car-

---

(1) Ils moururent peu après, en 1494 : Politien, demandant à être enseveli comme dominicain, à l'église Saint-Marc,—l'église de Savonarole; — Pic de la Mirandole, revêtu, pour mourir, de l'habit dominicain.

(2) En 1491.

(3) Laurent de Médicis était mort le 8 avril 1492; son fils Pierre lui avait succédé. Michel-Ange quitta le palais; il rentra chez son père, et resta quelque temps sans emploi. Puis Pierre le reprit à son service, le chargeant de lui acheter des camées et des intailles. Il sculpta alors l'*Hercule* colossal de marbre, qui fut d'abord au palais Strozzi, puis acheté en 1529 par François Iᵉʳ, et placé à Fontainebleau, d'où il disparut au dix-septième siècle. De ce temps est aussi le *Crucifix de bois* du couvent San Spirito, pour lequel Michel-Ange étudia l'anatomie sur des cadavres, avec un tel acharnement, qu'il en tomba malade (1494).

diere, qui avait peur de Pierre, ne l'osa point. Un des matins suivants, il revint trouver Michel-Ange et lui dit, plein d'effroi, que le mort lui était de nouveau apparu : il avait même costume ; et comme Cardiere, couché, le fixait en silence, le fantôme l'avait souffleté, pour le châtier de n'avoir pas obéi. Michel-Ange fit de violents reproches à Cardiere et l'obligea à se rendre à pied, sur-le-champ, à la villa des Médicis, Careggi, près de Florence. A moitié chemin, Cardiere rencontra Pierre : il l'arrêta et lui fit son récit. Pierre éclata de rire et le fit étriller par ses écuyers. Le chancelier du prince, Bibbiena, lui dit : « Tu es un fou. Qui crois-tu que Laurent aime le mieux, de son fils, ou de toi ? S'il avait eu à se montrer, c'eût été à lui et non à toi ! » Cardiere, houspillé et bafoué, revint à Florence ; il apprit à Michel-Ange l'insuccès de sa démarche, et il le convainquit si bien des malheurs qui allaient fondre sur Florence, que Michel-Ange, deux jours après, s'enfuit. (1)

Ce fut le premier accès de ces terreurs superstitieuses qui se reproduisirent plus d'une fois dans la suite de sa vie, et qui le terrassaient, quelque honte qu'il en eût.

*
* *

Il fuit jusqu'à Venise.

A peine sorti de la fournaise de Florence, sa surexci-

----

(1) Condivi.
La fuite de Michel-Ange eut lieu en octobre 1494. Un mois plus tard, Pierre de Médicis s'enfuit à son tour, devant le soulèvement du peuple ; et le gouvernement populaire s'installa à Florence, avec l'appui de Savonarole, qui prophétisait que Florence porterait la République dans le monde entier. Cette République reconnaissait pourtant un roi : Jésus-Christ.

tation tomba. — Revenu à Bologne, où il passa l'hiver, (1)
il oublie totalement le prophète et les prophéties. La
beauté du monde le reprend. Il lit Pétrarque, Boccace
et Dante. Il repasse à Florence, au printemps de 1495,
pendant les fêtes religieuses du Carnaval et les luttes
enragées des partis. Mais il est si détaché maintenant
des passions qui se dévorent autour de lui, que, par une
sorte de défi contre le fanatisme des Savonarolistes,
il sculpte son fameux *Cupidon endormi,* que ses
contemporains prirent pour un antique. Il ne reste d'ailleurs que quelques mois à Florence; il va à Rome, et,
jusqu'à la mort de Savonarole, il est le plus païen des
artistes. Il sculpte *Bacchus ivre, Adonis mourant,* et le
grand *Cupidon,* l'année même où Savonarole fait
brûler « les Vanités et les Anathèmes » : livres,
parures, œuvres d'art. (2) Son frère, le moine Lionardo,
est poursuivi, pour sa foi dans le prophète. Les
dangers s'accumulent sur la tête de Savonarole :
Michel-Ange ne revient pas à Florence, pour le défendre. Savonarole est brûlé : (3) Michel-Ange se tait.
Nulle trace de cet événement dans aucune de ses
lettres.

---

(1) Il y était l'hôte du noble Giovanni Francesco Aldovrandi, qui
lui vint en aide, à l'occasion de certains démêlés avec la police de
Bologne. Il travailla alors à la statue de San Petronio, et à une sta-
tuette d'ange pour le tabernacle *(Arca)* de San Domenico. Mais ces
œuvres n'ont aucunement le caractère religieux. C'est toujours
la force orgueilleuse.

(2) Michel-Ange arriva à Rome, en juin 1496. Le *Bacchus ivre,*
l'*Adonis mourant* (musée du Bargello) et le *Cupidon* (South-Ken-
sington) sont de 1497. — Michel-Ange semble avoir aussi dessiné,
dans ce même temps, le carton d'une *Stigmatisation de saint
François,* pour San Pietro in Montorio

(3) Le 23 mai 1498.

Michel-Ange se tait; mais il sculpte la *Pietà :* (1)

Sur les genoux de la Vierge, immortellement jeune, le Christ mort est couché, semble dormir. La sévérité de l'Olympe flotte sur les traits de la pure déesse et du Dieu du Calvaire. Mais une mélancolie indicible s'y mêle; elle baigne ces beaux corps. La tristesse a pris possession de l'âme de Michel-Ange.

*
* *

Ce n'était pas seulement le spectacle des misères et des crimes qui venait l'assombrir. Une force tyrannique était entrée en lui, pour ne plus le lâcher. Il était en proie à cette fureur de génie, qui ne lui permit plus de souffler jusqu'à la mort. Sans illusions sur la victoire, il avait juré de vaincre, pour sa gloire et pour celle des siens. Tout le poids de sa lourde famille reposait sur lui seul. Elle l'obsédait de demandes d'argent. Il en manquait, mais il mettait son orgueil à ne jamais refuser : il se serait vendu lui-même, pour envoyer aux siens l'argent qu'ils réclamaient. Sa santé s'altérait déjà. La mauvaise nourriture, le froid, l'humidité, l'excès de tra-

---

(1) On a toujours dit jusqu'à présent que la *Pietà* fut exécutée pour le cardinal français, Jean de Groslaye de Villiers, abbé de Saint-Denis, ambassadeur de Charles VIII, qui la commanda à Michel-Ange pour la chapelle des rois de France, à Saint-Pierre. (Contrat du 27 août 1498). M. Charles Samaran, dans un travail sur *la Maison d'Armagnac au XV⁰ siècle*, a établi que le cardinal français, qui fit sculpter la *Pietà*, fut Jean de Bilhères, abbé de Pessan, évêque de Lombez, abbé de Saint-Denis. Michel-Ange y travailla jusqu'en 1501.

Une conversation de Michel-Ange avec Condivi explique par une pensée de mysticisme chevaleresque la jeunesse de la Vierge, si différente des *Mater Dolorosa* sauvages, flétries, convulsées par la douleur, de Donatello, de Signorelli, de Mantegna, et de Botticelli.

43

vail, commençaient à la ruiner. Il souffrait de la tête, et il avait un côté enflé. (1) Son père lui reprochait sa façon de vivre : il ne se disait pas qu'il en était responsable.

« Toutes les peines que j'ai endurées, je les ai endurées pour vous, lui écrivait plus tard Michel-Ange. (2)

... Tous mes soucis, tous, je les ai par amour pour vous. » (3)

***

Au printemps de 1501, il revint à Florence.

Un bloc de marbre gigantesque avait été confié, quarante ans auparavant, par l'*Œuvre de la cathédrale (Opera del Duomo)* à Agostino di Duccio pour y tailler la figure d'un prophète. L'œuvre à peine ébauchée était restée interrompue. Personne n'osait la reprendre. Michel-Ange s'en chargea, (4) et, de ce roc de marbre, il fit sortir le *David* colossal.

On conte que le gonfalonier Pier Soderini, venant voir la statue dont il avait donné la commande à Michel-Ange, lui fit quelques critiques, pour attester son goût : il blâma l'épaisseur du nez. Michel-Ange monta sur l'échafaudage, prit un ciseau et un peu de poussière de marbre, et, tout en remuant légèrement le ciseau, il faisait tomber peu à peu la poussière; mais il se garda bien de toucher au nez, et le laissa comme

---

(1) Lettre de son père, 19 décembre 1500.
(2) Lettre à son père. Printemps 1509.
(3) Lettre à son père, 1521.
(4) En août 1501. — Dans les mois précédents, il avait signé avec le cardinal Francesco Piccolomini un contrat, qu'il n'exécuta jamais, pour la décoration de l'autel Piccolomini, à la cathédrale de Sienne. Ce fut un des remords de toute sa vie.

il était. Puis, se tournant vers le gonfalonier, il dit:

« Regardez maintenant.

— Maintenant, dit Soderini, il me plaît beaucoup mieux. Vous lui avez donné la vie. »

« Alors Michel-Ange descendit, et il rit silencieusement. » (1)

On croit lire ce mépris silencieux dans l'œuvre. C'est une force tumultueuse au repos. Elle est gonflée de dédain et de mélancolie. Elle étouffe dans les murs d'un musée. Il lui faut le plein air, « la lumière sur la place », comme disait Michel-Ange. (2)

Le 25 janvier 1504, une commission d'artistes, dont faisaient partie Filippino Lippi, Botticelli, Pérugin, et Léonard de Vinci, délibérèrent sur l'emplacement qu'on assignerait au *David*. Sur la demande de Michel-Ange, on décida de l'élever devant le Palais de la Seigneurie. (3) Le transport de la masse énorme fut confié aux architectes de la cathédrale. Le 14 mai, au soir, on fit sortir du baraquement en planches, où il était campé, le Colosse de marbre, en démolissant le mur au

(1) Vasari.

(2) Michel-Ange disait à un sculpteur, qui s'évertuait à arranger le jour dans son atelier, de façon que son œuvre parût à son avantage : « Ne te donne pas tant de peine, ce qui compte, c'est la lumière sur la place. »

(3) Le détail des délibérations a été conservé. (Milanesi : *Contratti artistici*, pages 620 et suivantes)

Le *David* resta, jusqu'en 1873, au lieu qui lui avait été assigné par Michel-Ange, devant le Palais de la Seigneurie. Alors, on transporta la statue, que la pluie avait entamée d'une façon inquiétante, à l'Académie des Beaux-Arts de Florence, dans une rotonde spéciale *(Tribuna del David)*. Le *Circolo artistico* de Florence propose en ce moment d'en faire exécuter une copie en marbre blanc, pour l'élever à sa place ancienne, devant le Palais Vieux.

dessus de la porte. Dans la nuit, des gens du peuple jetèrent des pierres au *David,* afin de le briser. On dut faire bonne garde. La statue avançait lentement, liée droite et suspendue, de façon à balancer librement sans heurter le sol. Il fallut quatre jours pour l'amener du *Duomo* au Palais Vieux. Le 18, à midi, elle arriva à la place marquée. On continua de faire la garde autour d'elle, la nuit. Malgré toutes les précautions, un soir, elle fut lapidée. (1)

Tel était ce peuple florentin, qu'on donne quelquefois comme modèle au nôtre. (2)

** * **

En 1504, la Seigneurie de Florence mit aux prises Michel-Ange avec Léonard de Vinci.

Les deux hommes ne s'aimaient point. Leur solitude commune eût dû les rapprocher. Mais s'ils se sentaient éloignés du reste des hommes, ils l'étaient plus encore l'un de l'autre. Le plus isolé des deux était Léonard. Il avait cinquante-deux ans, — vingt ans de plus que Michel-Ange. — Depuis l'âge de trente ans, il avait quitté Florence, dont l'âpreté de passions était intolérable à sa nature délicate, un peu timide, et à son intelligence sereine et sceptique, ouverte à tout, comprenant tout. Ce grand dilettante, cet homme absolument libre

---

(1) Relation contemporaine, et *Histoires Florentines* de Pietro di Marco Parenti.

(2) Ajoutons que la chaste nudité du *David* choquait la pudeur de Florence. L'Arétin, reprochant à Michel-Ange l'indécence de son *Jugement Dernier,* lui écrivit en 1545 : « Imitez la modestie des Florentins, qui cachent sous des feuilles d'or les parties honteuses de leur beau *Colosse.* »

et absolument seul, était si détaché de la patrie, de la religion, du monde entier, qu'il ne se trouvait bien qu'auprès des tyrans, libres d'esprit, comme lui. Forcé de quitter Milan, en 1499, par la chute de son protecteur, Ludovic le More, il était entré au service de César Borgia, en 1502; la fin de la carrière politique du prince, en 1503, le contraignit à revenir à Florence. Là, son sourire ironique se trouva en présence du sombre et fiévreux Michel-Ange, et il l'exaspéra. Michel-Ange, tout entier à ses passions et à sa foi, haïssait les ennemis de ses passions et de sa foi, mais il haïssait bien plus ceux qui n'avaient point de passion et n'étaient d'aucune foi. Plus Léonard était grand, plus Michel-Ange sentait d'aversion pour lui; et il ne négligeait pas une occasion de la lui témoigner.

« Léonard était un homme de belle figure, de manières avenantes et distinguées. Il flânait un jour avec un ami, dans les rues de Florence. Il était vêtu d'une tunique rose, tombant jusqu'aux genoux; sur sa poitrine. flottait sa barbe bien bouclée et arrangée avec art. Auprès de Santa Trinità, quelques bourgeois causaient : ils discutaient ensemble un passage de Dante. Ils appelèrent Léonard, et le prièrent de leur en éclaircir le sens. A ce moment, Michel-Ange passait. Léonard dit : « Michel-Ange vous expliquera les vers dont vous parlez. » Michel-Ange, croyant qu'il voulait le railler, répliqua amèrement : « Explique-les toi-même, toi qui as fait le modèle d'un cheval de bronze, (1) et qui n'as pas été capable de le fondre, mais qui, pour ta honte, t'es

---

(1) Allusion à la statue équestre de Francesco Sforza, laissée inachevée par Léonard, et dont les archers gascons de Louis XII s'amusèrent à prendre pour cible le modèle de plâtre.

arrêté en route ! » — Là-dessus, il tourna le dos au groupe et continua son chemin. Léonard resta, et il rougit. Et Michel-Ange, non satisfait encore et brûlant du désir de le blesser, cria : « Et ces chapons de Milanais qui te croyaient capable d'un tel ouvrage ! » (1)

Tels étaient les deux hommes, que le gonfalonier Soderini opposa l'un à l'autre dans une œuvre commune : la décoration de la Salle du Conseil au Palais de la Seigneurie. Ce fut un combat singulier entre les deux plus grandes forces de la Renaissance. En mai 1504, Léonard commença le carton de *la Bataille d'Anghiari*. (2) En août 1504, Michel-Ange reçut la commande du carton pour *la Bataille de Cascina*. (3) Florence se divisa en deux camps pour l'un ou l'autre rival. — Le temps a tout égalisé. Les deux œuvres ont disparu. (4)

*
* *

En mars 1505, Michel-Ange fut appelé à Rome par Jules II. Alors commença la période héroïque de sa vie.

------

(1) Relation d'un contemporain *(Anonyme de la Magliabecchiana)*.

(2) On lui avait imposé l'humiliation de peindre une victoire des Florentins sur ses amis, les Milanais.

(3) Ou *la Guerre de Pise*.

(4) Le carton de Michel-Ange, seul exécuté, dès 1505, disparut en 1512, lors des émeutes provoquées à Florence par le retour des Médicis. L'œuvre n'est plus connue que par des copies fragmentaires. La plus fameuse de ces copies est la gravure de Marc-Antoine. *(Les Grimpeurs)* — Quant à la fresque de Léonard, Léonard suffit à la détruire. Il voulut perfectionner la technique de la fresque, il essaya d'un enduit à l'huile qui ne tint pas ; et la peinture, qu'il abandonna de découragement, en 1506, n'existait plus déjà en 1550.

De cette période de la vie de Michel-Ange (1501-1505), sont aussi

Tous deux violents et grandioses, le pape et l'artiste étaient faits pour s'entendre, quand ils ne se heurtaient point l'un l'autre avec fureur. Leur cerveau bouillonnait de projets gigantesques. Jules II voulait se faire bâtir un tombeau, digne de la Rome antique. Michel-Ange s'enflamma pour cette idée d'orgueil impérial. Il conçut un dessein babylonien, une montagne d'architecture, avec plus de quarante statues, de dimensions colossales. Le pape, enthousiasmé, l'envoya à Carrare, pour faire tailler dans les carrières tout le marbre nécessaire. Michel-Ange resta plus de huit mois dans les montagnes. Il était en proie à une exaltation surhumaine. « Un jour qu'il parcourait le pays à cheval, il vit un mont qui dominait la côte : le désir le saisit de le sculpter tout entier, de le transformer en un colosse, visible de loin aux navigateurs... Il l'eût fait, s'il en avait eu le temps, et si on le lui avait permis. » (1)

En décembre 1505, il revint à Rome, où commencèrent à arriver par mer les blocs de marbre qu'il avait choisis. On les transporta sur la place Saint-Pierre, derrière Santa-Caterina, où Michel-Ange habitait. « La masse des pierres était si grande, qu'elle excitait la stupeur des gens et la joie du pape. » Michel-Ange se mit au travail. Le pape, dans son impatience, venait sans cesse le voir, « et s'entretenait avec lui, aussi

---

les deux bas-reliefs circulaires de la *Madone* et de l'*Enfant,* qui sont à la Royal Academy de Londres, et au musée du Bargello de Florence ; — la *Madone de Bruges,* acquise en 1506 par des marchands flamands ; — et le grand tableau à la détrempe de la *Sainte Famille* des Uffizi, le plus beau et le plus soigné de Michel-Ange. Son austérité puritaine, son accent héroïque, s'opposent rudement aux langueurs efféminées de l'art léonardesque.

(1) Condivi.

familièrement que s'il avait été son frère ». Pour venir plus commodément, il fit jeter du corridor du Vatican à la maison de Michel-Ange un pont-levis qui lui assurait un passage secret.

Mais cette faveur ne dura guère. Le caractère de Jules II n'était pas moins trépidant que celui de Michel-Ange. Il se passionnait tour à tour pour les projets les plus différents. Un autre dessein lui parut plus propre à éterniser sa gloire : il voulut réédifier Saint-Pierre. Il y était poussé par les ennemis de Michel-Ange. Ils étaient nombreux et puissants. Ils avaient à leur tête un homme d'un génie égal à celui de Michel-Ange, et d'une volonté plus forte : Bramante d'Urbin, l'architecte du pape et l'ami de Raphaël. Il ne pouvait y avoir de sympathie entre la raison souveraine des deux grands Ombriens et le génie sauvage du Florentin. Mais s'ils se décidèrent à le combattre, (1) ce fut sans doute qu'il les y avait provoqués. Michel-Ange critiquait imprudemment Bramante, et l'accusait, à tort ou à raison, de malversations dans ses travaux. (2) Bramante décida aussitôt de le perdre.

---

(1) Du moins, Bramante. Raphaël était trop l'ami et l'obligé de Bramante pour ne pas faire cause commune avec lui ; mais on n'a pas de preuves qu'il ait agi personnellement contre Michel-Ange. Cependant celui-ci l'accuse en termes formels : « Toutes les difficultés survenues entre le pape Jules et moi sont le fait de la jalousie de Bramante et de Raphaël : ils cherchaient à me perdre ; et vraiment Raphaël en avait bien sujet ; car ce qu'il savait de l'art, c'était de moi qu'il le tenait. » (Lettre d'octobre 1542 à un personnage inconnu. — *Lettres*, édition Milanesi, pages 489-494)

(2) Condivi, que son aveugle amitié pour Michel-Ange rend un peu suspect, dit : « Bramante était poussé à nuire à Michel-Ange par sa jalousie d'abord, et aussi par la crainte qu'il avait du jugement de Michel-Ange, qui découvrait ses fautes. Bramante, comme chacun sait, était adonné au plaisir et grand dissipateur. Le traitement qu'il recevait du pape, si élevé qu'il fût, ne lui suffi-

Il lui enleva la faveur du pape. Il joua de la superstition de Jules II; il lui rappela la croyance populaire, suivant laquelle il était de mauvais présage de se faire bâtir son tombeau de son vivant. Il réussit à le détacher des projets de son rival, et il y substitua les siens. En janvier 1506, Jules II se décida à reconstruire Saint-Pierre. Le tombeau fut abandonné, et Michel-Ange se trouva non seulement humilié, mais endetté par les dépenses qu'il avait faites pour l'œuvre. (1) Il se plaignit amèrement. Le pape lui fit fermer sa porte; et, comme il revenait à la charge, Jules II le fit chasser du Vatican par un de ses palefreniers.

Un évêque de Lucques, qui assistait à la scène, dit au palefrenier :

— « Vous ne le connaissez donc pas? »

Le palefrenier dit à Michel-Ange :

— « Pardonnez-moi, monsieur, mais j'ai reçu cet ordre, et je dois l'exécuter. »

Michel-Ange rentra chez lui et écrivit au pape :

« Saint-Père. J'ai été chassé du palais, ce matin, sur l'ordre de Votre Sainteté. Je vous fais savoir qu'à partir

---

sant pas, il chercha à gagner sur ses travaux, en faisant bâtir ses murs en mauvais matériaux, d'une solidité insuffisante. Chacun peut le constater dans ses constructions de Saint-Pierre, du corridor du Belvédère, du cloître de Santo Pietro ad Vincula, etc., qu'il a été nécessaire de soutenir récemment par des crampons et des contreboutants, parce qu'elles tombèrent, ou seraient tombées en peu de temps. »

(1) « Lorsque le pape changea de fantaisie, et que les barques arrivèrent avec des marbres de Carrare, je dus payer moi-même le fret. Dans ce même temps des tailleurs de pierres, que j'avais fait venir de Florence pour le tombeau, arrivèrent à Rome; et comme j'avais fait installer et meubler pour eux la maison que Jules m'avait donnée derrière Santa Caterina, je me vis sans argent et dans un grand embarras... » (Lettre déjà citée d'octobre 1542)

d'aujourd'hui, si vous avez besoin de moi, vous pouvez me faire chercher partout ailleurs qu'à Rome. »

Il envoya la lettre, appela un marchand et un tailleur de pierres, qui logeaient chez lui, et leur dit :

« Cherchez un Juif, vendez tout ce qui est dans ma maison, et venez à Florence. »

Puis il monta à cheval et partit. (1) Quand le pape reçut la lettre, il envoya après lui cinq cavaliers, qui l'atteignirent vers onze heures du soir, à Poggibonsi, et lui remirent l'ordre suivant : « Aussitôt après la réception de ceci, tu retourneras à Rome, sous peine de notre disgrâce. » Michel-Ange répliqua qu'il retournerait, quand le pape tiendrait ses engagements : sinon, Jules II ne devait pas espérer de le revoir jamais. (2)

Il adressa ce sonnet au pape : (3)

Seigneur, si jamais proverbe est vrai, c'est bien celui qui dit que *qui peut, jamais ne veut.* Tu as cru à des contes et à des bavardages, tu as récompensé qui est l'ennemi du vrai. Pour moi, je suis et j'ai été ton bon vieux serviteur, je te suis attaché comme les rayons au soleil ; et le temps que je perds ne t'afflige pas ! Plus je me fatigue, moins tu m'aimes. J'avais espéré grandir par ta grandeur, et que ta juste balance et ta puissante épée seraient mes seuls juges, et non l'écho mensonger. Mais le ciel se moque de toute vertu, en la plaçant dans ce monde, si elle doit y attendre des fruits d'un arbre sec. (4)

---

(1) Le 17 avril 1506.

(2) Tout ce récit est extrait textuellement d'une lettre de Michel-Ange, d'octobre 1542.

(3) Je le place à cette date, qui me paraît la plus vraisemblable, bien que Frey, sans raison suffisante, à mon sens, reporte le sonnet vers 1511.

(4) *Poésies,* III. — Voir *Annexes,* I, à la fin du deuxième cahier.

L'arbre sec est une allusion au chêne vert, qui figure dans les armoiries des De la Rovere (famille de Jules II).

L'affront qu'il avait subi de Jules II n'était pas la seule raison qui eût déterminé Michel-Ange à la fuite. Dans une lettre à Giuliano da San Gallo, il laisse entendre que Bramante voulait le faire assassiner. (1)

Michel-Ange parti, Bramante resta seul maître. Le lendemain de la fuite de son rival, il fit poser la première pierre de Saint-Pierre. (2) Sa rancune implacable s'acharna après l'œuvre de Michel-Ange, et s'arrangea de façon à la ruiner pour jamais. Il fit piller par la populace le chantier de la place Saint-Pierre, où étaient amassés les blocs de marbre pour le tombeau de Jules II. (3)

Cependant, le pape, enragé de la révolte de son sculpteur, envoyait bref sur bref à la Seigneurie de Florence, où Michel-Ange s'était réfugié. La Seigneurie fit venir Michel-Ange, et lui dit : « Tu as joué au pape un tour, comme le roi de France lui-même n'en eût pas fait. Nous ne voulons pas, à cause de toi, nous engager dans une guerre avec lui : ainsi il faut que tu retournes à Rome ; nous te donnerons des lettres d'un tel poids, que toute injustice qui te serait faite, serait faite à la Seigneurie. » (4)

Michel-Ange s'entêtait. Il posait ses conditions. Il exigeait que Jules II lui laissât faire son tombeau, et il entendait y travailler non plus à Rome, mais à Florence.

---

(1) « Ce n'était pas là l'unique cause de mon départ ; il y avait encore autre chose, dont j'aime mieux ne pas parler. Il suffit de dire que cela me donna à penser que, si je restais à Rome, cette ville serait mon tombeau, plutôt que celui du pape. Et ce fut la cause de mon départ subit. »

(2) 18 avril 1506.

(3) Lettre d'octobre 1542.

(4) *Ibid.*

4

Lorsque Jules II partit en guerre contre Pérouse et Bologne, (1) et que ses sommations devinrent plus menaçantes, Michel-Ange songea à passer en Turquie, où le sultan lui faisait offrir par les Franciscains de venir à Constantinople, pour bâtir un pont à Péra. (2)

Enfin, il fallut céder ; et, dans les derniers jours de novembre 1506, il se rendit en rechignant à Bologne, où Jules II, vainqueur, venait d'entrer par la brèche.

« Un matin, Michel-Ange était allé entendre la messe à San Petronio. Le palefrenier du pape l'aperçut, le reconnut et le conduisit devant Jules II, qui était à table au palais des Seize. Le pape, irrité, lui dit : « C'était à toi de venir Nous chercher (à Rome) ; et tu as attendu que Nous vinssions te trouver (à Bologne) ! » — Michel-Ange s'agenouilla et demanda pardon à haute voix, disant qu'il n'avait pas agi par malice, mais par irritation, parce qu'il n'avait pu supporter d'être chassé, comme on avait fait. Le pape demeurait assis, la tête baissée, le visage enflammé de colère, quand un évêque, que Soderini avait envoyé pour prendre la défense de Michel-Ange, voulut s'interposer, et dit : « Que Votre Sainteté veuille bien ne pas faire attention à ses sottises : il a péché par ignorance. En dehors de leur art, les peintres sont tous de même. » Le pape, furieux, cria : « Tu lui dis une grossièreté, que Nous ne lui avons pas dite. L'ignorant, c'est toi !... Va-t-en, et que le

---

(1) Fin d'août 1506.

(2) Condivi. — Michel-Ange avait eu déjà l'idée d'aller en Turquie, en 1504 ; et, en 1519, il fut en relations avec « le seigneur d'Andrinople », qui lui demandait de venir exécuter pour lui des peintures.

On sait que Léonard de Vinci avait été aussi tenté de passer en Turquie.

diable t'emporte! » — Et comme il ne s'en allait pas, les serviteurs du pape le jetèrent à coups de poing dehors. Alors, le pape, ayant déchargé sa colère sur l'évêque, fit approcher Michel-Ange, et lui pardonna. » (1)

Malheureusement, pour faire sa paix avec Jules II, il fallut en passer par ses caprices; et la toute-puissante volonté avait de nouveau tourné. Il ne s'agissait plus du tombeau, mais d'une statue colossale de bronze, qu'il voulait se faire élever à Bologne. Michel-Ange en vain protesta « qu'il n'entendait rien à la fonte du bronze ». Il lui fallut l'apprendre; et ce fut une vie de travail acharné. Il habitait une mauvaise chambre, avec un seul lit, où il couchait avec ses deux aides florentins, Lapo et Lodovico, et avec son fondeur Bernardino. Quinze mois se passèrent en ennuis de toutes sortes. Il se brouilla avec Lapo et Lodovico, qui le volaient.

« Ce gredin de Lapo, écrit-il à son père, donnait à entendre à tous, que c'était lui et Lodovico qui faisaient tout l'ouvrage, ou du moins qu'ils le faisaient en collaboration avec moi. Il ne pouvait se mettre dans la tête qu'il n'était pas le maître, jusqu'au moment où je l'ai mis dehors : alors, pour la première fois, il s'est aperçu qu'il était à mon service. Je l'ai chassé comme une bête. » (2)

Lapo et Lodovico se plaignirent bruyamment; ils répandirent à Florence des calomnies contre Michel-Ange, et parvinrent à extorquer de l'argent de son père, sous prétexte qu'il les avait volés.

---

(1) Condivi.
(2) Lettre à son père, 8 février 1507.

Puis, ce fut le fondeur, dont l'incapacité se révéla.

« J'aurais cru que maître Bernardino était capable de fondre, même sans feu, tant j'avais foi en lui. »

En juin 1507, la fonte rata. La figure ne sortit que jusqu'à la ceinture. Tout fut à recommencer. Michel-Ange resta occupé à cette œuvre jusqu'en février 1508. Il faillit y perdre la santé.

« J'ai à peine le temps de manger, écrit-il à son frère... Je vis dans la plus grande incommodité et dans une peine extrême; je ne pense à rien autre qu'à travailler nuit et jour; j'ai enduré de telles souffrances, et j'en endure de telles, que je crois que si j'avais la statue à faire encore une fois, ma vie n'y suffirait pas : ç'a été un travail de géant. » (1)

Pour de telles fatigues, le résultat fut misérable. La statue de Jules II, élevée en février 1508 devant la façade de San Petronio, n'y resta que quatre ans. En décembre 1511, elle fut détruite par le parti des Bentivogli, ennemis de Jules II; et Alphonse d'Este en acheta les débris, pour s'en faire un canon.

*
* *

Michel-Ange revint à Rome. Jules II lui imposait une autre tâche, non moins inattendue et plus périlleuse encore. Au peintre, qui ne savait rien de la technique de la fresque, il ordonnait de peindre la voûte de la chapelle Sixtine. On eût dit qu'il se plaisait à commander l'impossible, et Michel-Ange à l'exécuter.

---

(1) Lettres à son frère, du 29 septembre et du 10 novembre 1507.

Il semble que ce fut Bramante, qui, voyant Michel-Ange revenir en faveur, l'accula à cette tâche, où il pensait que sa gloire sombrerait. (1) L'épreuve était d'autant plus dangereuse pour Michel-Ange, qu'en cette même année 1508, son rival Raphaël commençait la peinture des *Stanze* du Vatican, avec un bonheur incomparable. (2) Il fit tout pour rejeter le redoutable honneur; il alla jusqu'à proposer Raphaël à sa place : il disait que ce n'était pas son art et qu'il n'y réussirait point. Mais le pape s'obstina, et il fallut céder.

Bramante éleva à Michel-Ange un échafaudage dans la chapelle Sixtine, et l'on fit venir de Florence quelques peintres, ayant l'expérience de la fresque, pour lui prêter leur concours. Mais il était dit que Michel-Ange ne pouvait avoir d'aide d'aucune sorte. Il commença par déclarer inutilisable l'échafaudage de Bramante et par en élever un autre. Quant aux peintres florentins, il les prit en grippe, et, sans autre explication, il les mit à la porte. « Il fit abattre, un matin, tout ce qu'ils avaient peint; il s'enferma dans la chapelle, il ne voulut plus leur ouvrir, et il ne se laissa plus voir même dans sa maison. Quand la plaisanterie leur eut semblé avoir assez duré, ils se décidèrent à retourner à Florence, profondément humiliés. » (3)

---

(1) C'est du moins ce que prétend Condivi. Il est à noter toutefois que, déjà avant la fuite de Michel-Ange à Bologne, il avait été question de lui faire peindre la Sixtine, et qu'alors ce projet souriait peu à Bramante, qui cherchait à éloigner de Rome son rival. (Lettre de Pietro Rosselli à Michel-Ange, en mai 1506)

(2) Entre avril et septembre 1508, Raphaël peignit la chambre dite *de la Signature*. (*École d'Athènes* et *Dispute du Saint-Sacrement*)

(3) Vasari.

Michel-Ange resta seul, avec quelques manœuvres; (1) et, loin que la difficulté plus grande retînt sa hardiesse, il agrandit son plan et décida de peindre, non seulement la voûte, comme il en était d'abord question, mais les murailles.

Le travail gigantesque commença, le 10 mai 1508. Sombres années, — les plus sombres et les plus sublimes de cette vie tout entière! C'est le Michel-Ange légendaire, le héros de la Sixtine, celui dont la grandiose image est et doit rester gravée dans la mémoire de l'humanité.

Il souffrit terriblement. Ses lettres d'alors témoignent d'un découragement passionné, qui ne pouvait se satisfaire de ses divines pensées :

« Je suis dans un grand abattement d'esprit : il y a maintenant un an que je n'ai pas reçu un gros du pape; je ne lui demande rien, parce que mon œuvre n'avance pas assez, pour me paraître mériter une rémunération. Cela tient à la difficulté du travail, et à ce que ce n'est point là ma profession. Ainsi, je perds mon temps sans résultat. Dieu m'assiste! » (2)

A peine avait-il fini de peindre *le Déluge*, que l'œuvre commençait à moisir : on ne pouvait plus distinguer les figures. Il refusa de continuer. Mais le pape n'admit aucune excuse. Il dut se remettre au travail.

A ses fatigues et à ses inquiétudes, les siens ajoutaient encore par leurs odieuses importunités. Toute sa famille

---

(1) Dans les lettres de 1510 à son père, Michel-Ange se lamente au sujet de l'un de ces aides, qui n'est bon à rien, « qu'à se faire servir... Cette occupation me manquait sans doute! Je n'en avais pas assez déjà!... Il me rend malheureux comme une bête. »

(2) Lettre à son père, 27 janvier 1509.

vivait à ses crochets, abusait de lui, le pressait à mort.
Son père ne cessait de gémir, de s'inquiéter pour des
affaires d'argent. Il devait passer son temps à lui
rendre courage, quand lui-même était accablé.

Ne vous agitez pas, ce ne sont pas là des choses où la vie
soit en jeu... Je ne vous laisserai jamais manquer de rien,
aussi longtemps que j'aurai moi-même quelque chose...
Quand bien même tout ce que vous avez au monde vous
serait pris, vous ne manquerez de rien, tant que j'existerai...
J'aime mieux être pauvre et vous savoir en vie, qu'avoir tout
l'or du monde et que vous soyez mort... Si vous ne
pouvez pas, comme d'autres, avoir les honneurs de ce
monde, qu'il vous suffise d'avoir votre pain; et vivez avec
Christ, bon et pauvre, comme je fais ici; car je suis misérable, et je ne me tourmente ni pour la vie, ni pour l'honneur, c'est-à-dire pour le monde; et je vis dans de très
grandes peines et dans une défiance infinie. Depuis quinze
ans, je n'ai pas eu une bonne heure; j'ai tout fait pour
vous soutenir; et jamais vous ne l'avez reconnu, ni cru.
Dieu nous pardonne à tous! Je suis prêt, dans l'avenir,
aussi longtemps que je vivrai, à toujours agir de la même
façon, pourvu seulement que je le puisse! (1)

Ses trois frères l'exploitaient. Ils attendaient de lui
de l'argent, une position; ils puisaient sans scrupules
dans le petit capital qu'il avait amassé à Florence;
ils venaient se faire héberger chez lui à Rome; ils se
faisaient acheter, Buonarroto et Giovan Simone, un
fonds de commerce, Gismondo, des terres près de Florence. Et ils ne lui en savaient aucun gré : il semblait
que cela leur fût dû. Michel-Ange savait qu'ils l'exploitaient; mais il était trop orgueilleux pour ne pas les laisser

____

(1) Lettres à son père, 1509-1512.

faire. Les drôles ne s'en tenaient point là. Ils se conduisaient mal, et maltraitaient le père, en l'absence de Michel-Ange. Alors celui-ci éclatait en menaces furieuses. Il menait ses frères, comme des gamins vicieux, à coups de fouet. Il les eût tués, au besoin.

Giovan Simone, (1)

On dit que qui fait du bien au bon le rend meilleur, mais que les bienfaits rendent le méchant plus méchant. Voici bien des années que je cherche, avec de bonnes paroles et de bonnes façons d'agir, à te ramener à une vie honnête et en paix avec ton père et avec nous autres, et tu es toujours pire... Je pourrais te parler longuement; mais ce seraient des mots. Pour en finir, sache avec certitude que tu ne possèdes rien au monde; car c'est moi qui te donne l'entretien pour vivre, par amour pour Dieu, parce que je croyais que tu étais mon frère comme les autres. Mais maintenant je suis certain que tu n'es pas mon frère; car si tu l'étais, tu n'aurais pas menacé mon père. Tu es bien plutôt une bête, et je te traiterai comme une bête. Sache que qui voit son père menacé ou maltraité a le devoir d'exposer sa vie pour lui... Assez là-dessus!... Je te dis que tu ne possèdes rien au monde; et si j'entends seulement la moindre chose de toi, je viendrai t'apprendre à dilapider ton bien et à mettre le feu à la maison et aux domaines que tu n'as pas gagnés; tu n'es pas où tu crois. Si je viens de ton

------

(1) Giovan Simone venait de brutaliser son père. Michel-Ange écrit à celui-ci :

« J'ai vu d'après votre dernière lettre comment vont les choses, et comment Giovan Simone se comporte. Je n'ai pas eu de plus mauvaise nouvelle depuis dix ans... Si je l'avais pu, le jour même où j'ai reçu votre lettre, je serais monté à cheval et j'aurais tout remis dans l'ordre. Mais puisque je ne le puis pas, je lui écris; et s'il ne change pas sa nature, ou s'il emporte seulement un cure dents de la maison, ou s'il fait quoi que ce soit qui vous déplaise je vous prie de m'en informer : j'obtiendrai un congé du pape et je viendrai. » (Printemps 1509)

côté, je te montrerai des choses qui te feront pleurer des larmes brûlantes et connaître sur quoi tu fondes ton arrogance... Si tu veux t'appliquer à bien agir, à honorer et à vénérer ton père, je t'aiderai comme les autres, et, sous peu, je te procurerai une bonne boutique. Mais si tu ne fais pas ainsi, je viendrai, et j'arrangerai tes affaires d'une telle façon que tu connaîtras qui tu es, et que tu sauras exactement ce que tu as au monde... Rien de plus ! Où les paroles me manquent, je supplée par les faits.

Michelagniolo à Rome.

Deux lignes encore. Depuis douze ans, je mène une vie misérable par toute l'Italie, je supporte toute honte, je souffre toute peine, je déchire mon corps par toutes les fatigues, j'expose ma vie à mille dangers, uniquement pour aider ma maison; — et maintenant que j'ai commencé à la relever un peu, tu t'amuses à détruire en une heure ce que j'ai édifié en tant d'années et avec tant de peines !... Corps du Christ ! Cela ne sera point ! Car je suis homme à mettre e pièces dix mille de tes semblables, si cela est nécessaire. — C'est pourquoi, sois sage, et ne pousse pas à bout quelqu'un qui a bien autrement de passions que toi ! (1)

Puis, c'est au tour de Gismondo :

Je vis ici dans la détresse et dans une très grande fatigue de corps. Je n'ai aucun ami d'aucune espèce, et je n'en veux pas... Il y a bien peu de temps que j'ai les moyens de manger à mon gré. Cessez de me causer des tourments; car je n'en pourrais plus supporter une once. (2)

Enfin le troisième frère, Buonarroto, employé à la maison de commerce des Strozzi, après toutes les

---

(1) Lettre à Giovan Simone. Datée par Henry Thode : printemps 1509 (dans l'édition Milanesi : juillet 1508.)
Noter que Giovan Simone était alors un homme de trente ans. Michel-Ange n'avait que quatre ans de plus que lui.
(2) A Gismondo, 17 octobre 1509.

avances d'argent que lui a faites Michel-Ange, le harcèle impudemment et se vante d'avoir plus dépensé pour lui qu'il n'en a reçu :

Je voudrais bien savoir de ton ingratitude, lui écrit Michel-Ange, d'où tu tiens ton argent; je voudrais bien savoir si tu tiens compte des 228 ducats que vous m'avez pris à la banque de Santa Maria Nuova, et de bien d'autres centaines de ducats que j'ai envoyées à la maison, et des peines et des soucis que j'ai eus pour vous entretenir. Je voudrais bien savoir si tu tiens compte de tout cela! — Si tu avais assez d'intelligence pour reconnaître la vérité, tu ne dirais pas : « J'ai dépensé tant du mien », et tu ne serais pas venu me relancer ici, pour me tourmenter de tes affaires, sans te souvenir de toute ma conduite passée, à votre égard. Tu aurais dit : « Michel-Ange sait ce qu'il nous a écrit; s'il ne le fait pas maintenant, c'est qu'il doit en être empêché par quelque chose que nous ne savons pas : soyons patients. » Quand un cheval court autant qu'il peut, il n'est pas bon de lui donner de l'éperon, pour qu'il coure plus qu'il ne peut. Mais vous ne m'avez jamais connu, et vous ne me connaissez pas. Dieu vous pardonne! C'est lui qui m'a accordé la grâce de suffire à tout ce que j'ai fait pour vous aider. Mais vous ne le reconnaîtrez que quand vous ne m'aurez plus. (1)

Telle était l'atmosphère d'ingratitude et d'envie, où Michel-Ange se débattait, entre une famille indigne qui le harcelait et des ennemis acharnés qui l'épiaient, escomptant son échec. Et lui, pendant ce temps, accomplissait l'œuvre héroïque de la Sixtine. Mais au prix de quels efforts désespérés! Peu s'en fallut qu'il abandonnât tout et s'enfuît de nouveau. Il croyait qu'il allait mourir. (2) Il l'eût voulu peut-être.

(1) Lettre à Buonarroto, 3o juillet 1513.
(2) *Lettres*, août 1512.

Le pape s'irritait de ses lenteurs et de son obstination à lui cacher son travail. Leurs caractères orgueilleux s'entrechoquaient comme des nuées d'orage. « Un jour, dit Condivi, Jules II lui ayant demandé quand il aurait fini la chapelle, Michel-Ange lui répondit, selon son habitude : « Quand je pourrai. » Le pape, furieux, le frappa de son bâton, en répétant : « Quand je pourrai ! Quand je pourrai ! » Michel-Ange courut chez lui et fit ses préparatifs pour quitter Rome. Mais Jules II lui dépêcha un envoyé, qui lui apporta 5oo ducats, l'apaisa aussi bien qu'il put, et excusa le pape. Michel-Ange accepta les excuses. »

Mais le lendemain, ils recommençaient. Le pape finit, un jour, par lui dire avec colère : « Tu as donc envie que je te fasse jeter en bas de ton échafaudage ? » Michel-Ange dut céder ; il fit enlever l'échafaudage, et découvrit l'œuvre, le jour de la Toussaint 1512.

La fête éclatante et sombre, qui reçoit les reflets funèbres de la Fête des Morts, convenait bien à l'inauguration de cette œuvre terrible, pleine de l'Esprit du Dieu qui crée et qui tue, — Dieu dévorant, où se rue, comme un ouragan, toute la force de vivre. (1)

---

(1) J'ai analysé l'œuvre dans le *Michel-Ange*, de la collection : *Les Maîtres de l'Art*. Je n'y reviens pas ici.

II

LA FORCE QUI SE BRISE

Roct' è l'alta cholonna. (1)

Michel-Ange sortit de ce travail d'Hercule, glorieux et
brisé. A tenir, pendant des mois, la tête renversée pour
peindre la voûte de la Sixtine, « il s'était abîmé la vue
de telle sorte, que longtemps après il ne pouvait lire
une lettre, ou regarder un objet, qu'en les tenant
au-dessus de sa tête, pour les mieux voir ». (2)

Il plaisantait lui-même de ses infirmités :

La peine m'a fait un goître, comme l'eau en fait aux chats
de Lombardie... Mon ventre pointe vers mon menton, ma
barbe se rebrousse vers le ciel, mon crâne s'appuie sur
mon dos, ma poitrine est comme celle d'une harpie; le pinceau, en s'égouttant sur mon visage, y a fait un carrelage
bariolé. Mes lombes me sont rentrés dans le corps, et mon
derrière fait contrepoids. Je marche au hasard, sans que je
puisse voir mes pieds. Ma peau s'allonge par devant et se
ratatine par derrière: je suis tendu comme un arc syrien.

---

(1) *Poésies*, I.
(2) Vasari.

Mon intelligence est aussi baroque que mon corps : car on joue mal d'un roseau recourbé... (1)

Il ne faut pas être dupe de cette bonne humeur. Michel-Ange souffrait d'être laid. Pour un homme, tel que lui, épris plus que personne de la beauté physique, la laideur était une honte. (2) On trouve la trace de son humiliation dans quelques-uns de ses madrigaux. (3) Son chagrin était d'autant plus cuisant qu'il fut, toute sa vie, dévoré d'amour ; et il ne semble pas qu'il ait jamais été payé de retour. Alors il se repliait en lui et confiait à la poésie sa tendresse et sa peine.

Depuis l'enfance, il composait des vers : ce lui était un besoin impérieux. Il couvrait ses dessins, ses lettres, ses

---

(1) *Poésies*, IX. Voir aux *Annexes*, II.

Cette poésie, écrite dans le style burlesque de Francesco Berni, et adressée à Giovanni da Pistoja, est datée par Frey de juin-juillet 1510. Dans les derniers vers, Michel-Ange fait allusion à ses difficultés de travail, pendant l'exécution des fresques de la Sixtine ; et il s'en excuse, en alléguant que ce n'est pas là son métier :

« Défends donc, Giovanni, mon œuvre morte, et défends mon honneur ; car la peinture n'est pas mon affaire. *Je ne suis pas peintre.* »

(2) Henry Thode a mis justement en lumière ce trait du caractère de Michel-Ange dans son premier volume de *Michelangelo und das Ende der Renaissance*, 1902. Berlin.

(3) « ... Puisque le Seigneur rend aux âmes leur corps après la mort, pour la paix ou le tourment éternel, je supplie qu'il laisse le mien, quoique laid, au ciel, comme sur la terre, auprès du tien : car un cœur aimant vaut autant qu'un beau visage. »...

> *...Priego 'l mie benchè bructo,*
> *Com' è qui teco, il voglià im paradiso :*
> *C' un cor pietoso val quant' un bel viso...*

(*Poésies*, CIX, 12)

« Le ciel semble justement s'irriter de ce que je me mire si laid dans tes yeux si beaux. »

> *Ben par che 'l ciel s'adiri,*
> *Che 'n si begli ochi i' mi veggia si bructo...*

Ibid., CIX, 93)

feuilles volantes, de pensées qu'il reprenait ensuite et retravaillait sans cesse. Malheureusement, il fit brûler, en 1518, le plus grand nombre de ses poésies de jeunesse ; d'autres furent détruites avant sa mort. Le peu qui nous en reste suffit pourtant à évoquer ses passions. (1)

La plus ancienne poésie semble avoir été écrite à Florence, vers 1504 : (2)

Comme je vivais heureux, tant qu'il m'était accordé, Amour, de résister victorieusement à ta rage ! Maintenant, hélas ! je baigne ma poitrine de larmes, j'ai éprouvé ta force... (3)

Deux madrigaux, écrits entre 1504 et 1511, et probablement adressés à la même femme, ont une expression poignante :

Qui est celui qui par force me mène à toi... hélas ! hélas ! hélas !... étroitement enchaîné ? Et je suis libre pourtant !...

> *Chi è quel che per forza a te mi mena,*
> *Oilme, oilme, oilme,*
> *Legato e strecto, e son libero e sciolto ? (4)*

Comment est-il possible que je ne sois plus à moi ? O Dieu ! O Dieu ! O Dieu !... Qui m'a arraché à moi-même ?... Qui peut plus en moi que moi-même ? O Dieu ! O Dieu ! O Dieu !...

---

(1) La première édition complète des poésies de Michel-Ange fut publiée par son petit-neveu, au commencement du dix-septième siècle, sous le titre : *Rime di Michelangelo Buonarroti raccolte da M. A. suo nipote*, 1623, Florence ; elle est tout à fait erronée. Cesare Guasti donna, en 1863, à Florence, la première édition à peu près exacte. Mais la seule, vraiment scientifique et complète, est l'admirable édition de Carl Frey : *Die Dichtungen des Michelagniolo Buonarroti, herausgegeben und mit kritischem Apparate versehen von D*r* Carl Frey*, 1897, Berlin. C'est à celle-ci que je me réfère, au cours de cette biographie.

(2) Sur la même feuille sont des dessins de chevaux et d'hommes combattant.

(3) *Poésies*, II. Voir aux *Annexes*, III.

(4) *Ibid.*, V.

la vie de Michel-Ange

Come puo esser, ch'io non sia piu mio ?
O Dio, o Dio, o Dio !
Chi m' ha tolto a me stesso,
Ch' à me fusse piu presso
O più di me potessi, che poss' io?
O Dio, o Dio, o Dio !... (1)

De Bologne, sur le dos d'une lettre de décembre 1507, ce sonnet juvénile, dont la préciosité sensuelle évoque une vision de Botticelli :

Claire et de fleurs bien sertie, qu'elle est heureuse la couronne sur sa chevelure d'or ! Comme les fleurs se pressent à l'envi sur son front, à qui sera la première à le baiser ! La robe qui enserre sa poitrine et s'épand au-dessous est heureuse, tout le jour. Le tissu d'or n'est jamais las de frôler ses joues et son cou. Plus précieuse est encore la fortune du ruban liséré d'or, qui touche doucement d'une pression légère le sein qu'il enveloppe. La ceinture semble dire : « Je veux toujours l'étreindre... » Ah !... Et que feraient donc mes bras ! (2)

Dans une longue poésie d'un caractère intime, — une sorte de confession, (3) qu'il est difficile de citer exactement, — Michel-Ange décrit, avec une crudité singulière d'expressions, ses angoisses d'amour :

Quand je reste un jour sans te voir, je ne puis trouver de paix nulle part. Quand je te vois, tu es pour moi comme la nourriture pour celui qui est affamé... Quand tu me souris, ou quand tu me salues dans la rue, je prends feu comme la poudre... Quand tu me parles, je rougis, je perds la voix, et soudain mon grand désir s'éteint... (4)

----

(1) *Poésies*, VI.
(2) *Ibid.*, VII. Voir aux *Annexes*, IV.
(3) L'expression est de Frey, qui date la poésie, sans raison suffisante, à mon sens, de 1531-32. Elle me semble beaucoup plus jeune.
(4) *Poésies*, XXXVI. Voir aux *Annexes*, V.

Puis ce sont des gémissements de douleur :

Ah ! souffrance infinie, qui déchire mon cœur, quand il
pense que celle que j'aime tant ne m'aime point ! Comment
vivre ?...

> *... Ahi, che doglia 'nfinita*
> *Sente 'l mio cor, quando li torna a mente,*
> *Che quella ch'io tant' amo amor non sente !*
> *Come restero 'n vita ?... (I)*

Ces lignes encore, écrites auprès d'études pour la Madone de la chapelle des Médicis :

Seul, je reste brûlant dans l'ombre, quand le soleil
dépouille le monde de ses rayons. Chacun se réjouit ; et
moi, étendu sur la terre, dans la douleur, je gémis et je
pleure. (2)

L'amour est absent des puissantes sculptures et des
peintures de Michel-Ange ; il n'y a fait entendre que ses
pensées les plus héroïques. Il semble qu'il ait eu
honte d'y mêler les faiblesses de son cœur. A la
poésie seule il s'est confié. C'est là qu'il faut chercher

---

(1) *Poésies*, XIII.

Du même temps, un madrigal célèbre, que le compositeur Bartolommeo Tromboncino mit en musique, avant 1518 :

« Comment aurai-je le courage de vivre sans vous, mon bien, si
je ne puis vous demander assistance, en partant ? Ces sanglots,
ces pleurs, ces soupirs, avec lesquels mon misérable cœur vous
suit, vous ont montré, madame, ma mort prochaine et mon
martyre. Mais s'il est vrai que l'absence ne fera jamais oublier
mon fidèle servage, je laisse mon cœur avec vous : mon cœu
n'est plus à moi. » *(Poésies*, XI. — Voir aux *Annexes*, VI)

(2)   *Sol' io ardendo all' ombra mi rimango,*
          Quand' el sol de suo razi el mondo spoglia ;
          Ogni altro per piacere, e io per doglia,
          Prostrato in terra, mi lamento e piangho.

(Ibid., XXII)

5.

le secret de ce cœur craintif et tendre sous sa rude enveloppe :

> *Amando, a che son nato?* (1)
> J'aime : pourquoi suis-je né ?

***

La Sixtine terminée, et Jules II étant mort,(2) Michel-Ange retourna à Florence et revint au projet qui lui tenait à cœur : le tombeau de Jules II. Il s'engagea par contrat à le faire en sept ans. (3) Pendant trois ans, il se consacra presque exclusivement à ce travail. (4) Dans cette période relativement tranquille, —période de maturité mélancolique et sereine, où le bouillonnement furieux de la Sixtine s'apaise, comme une mer démontée qui rentre dans son lit, — Michel-Ange produisit ses œuvres les plus parfaites, celles qui réalisent le mieux l'équilibre de ses passions et de sa volonté : *Moïse,* (5) et *les Esclaves* du Louvre. (6)

---

(1) *Poésies,* CIX, 35.
Comparez ces vers d'amour, où amour et douleur semblent être synonymes, à l'extase voluptueuse des sonnets juvéniles et gauches de Raphaël, écrits sur le revers des dessins pour *la Dispute du Saint-Sacrement.*

(2) Jules II mourut, le 21 février 1513, trois mois et demi après l'inauguration des fresques de la Sixtine.

(3) Contrat du 6 mars 1513. — Le nouveau projet, plus considérable que le projet primitif, comprenait 32 grandes statues.

(4) Michel-Ange semble n'avoir accepté, pendant ce temps, qu'une seule commande : le *Christ* de la Minerve.

(5) Le *Moïse* devait être une des six figures colossales, couronnant l'étage supérieur du monument de Jules II. Michel-Ange ne cessa d'y travailler jusqu'en 1545.

(6) *Les Esclaves,* auxquels Michel-Ange travaillait en 1513, furent donnés par lui, en 1546, à Roberto Strozzi, le républicain florentin, alors exilé en France, qui en fit présent à François Ier.

Ce ne fut qu'un instant : le cours orageux de sa vie reprit presque aussitôt; il retomba dans la nuit.

Le nouveau pape, Léon X, entreprit d'enlever Michel-Ange à la glorification de son prédécesseur et de l'attacher au triomphe de sa maison. C'était pour lui une question d'orgueil, plus que de sympathie; car son esprit épicurien ne pouvait comprendre le triste génie de Michel-Ange : (1) toutes ses faveurs étaient pour Raphaël. Mais l'homme de la Sixtine était une gloire italienne : Léon X voulut la domestiquer.

Il offrit à Michel-Ange d'élever la façade de Saint-Laurent, l'église des Médicis, à Florence. Michel-Ange, stimulé par sa rivalité avec Raphaël, qui avait profité de son éloignement pour devenir à Rome le souverain de l'art, (2) se laissa entraîner dans cette nouvelle tâche, qu'il lui était matériellement impossible d'accomplir sans négliger l'ancienne, et qui devait être pour lui une cause de tourments sans fin. Il tâchait de se persuader qu'il pourrait mener de front le tombeau de Jules II et la façade de Saint-Laurent. Il comptait se décharger

---

(1) Il ne lui épargnait pas les démonstrations de tendresse; mais Michel-Ange lui faisait peur. Il se sentait mal à l'aise avec lui :

« Quand le pape parle de vous, écrit Sébastien del Piombo à Michel-Ange, il semble qu'il parle d'un de ses frères; il a presque les larmes aux yeux. Il m'a dit que vous avez été élevés ensemble, et il proteste qu'il vous connaît et qu'il vous aime : mais vous faites peur à tous, — même aux papes. » (27 octobre 1520)

On se moquait de Michel-Ange à la cour de Léon X. Il prêtait à la raillerie par ses imprudences de langage. Une malencontreuse lettre qu'il écrivit au cardinal Bibbiena, patron de Raphaël, fit la joie de ses ennemis. « On ne parle pas d'autre chose au palais que de votre lettre, dit Sébastien à Michel-Ange; elle fait rire tout le monde. » (3 juillet 1520)

(2) Bramante était mort en 1514. Raphaël venait d'être nommé surintendant de la construction de Saint-Pierre.

du gros du travail sur un aide et n'exécuter lui-même
que les statues principales. Mais, suivant son habitude, il se grisa peu à peu de son projet, et bientôt il ne
put plus souffrir d'en partager l'honneur avec un autre.
Bien plus, il tremblait que le pape ne voulût le lui
retirer; il supplia Léon X de le lier à cette chaîne
nouvelle. (1)

Naturellement il lui devint impossible de continuer le
monument de Jules II. Mais le plus triste fut qu'il
n'arriva pas davantage à élever la façade de Saint-
Laurent. Ce n'était pas assez de rejeter tout collaborateur : avec sa terrible manie de vouloir tout faire par
lui-même, par lui seul, au lieu de rester à Florence et
de travailler à son œuvre, il alla à Carrare surveiller
l'extraction des blocs. Il s'y trouva aux prises avec des
difficultés de toute sorte. Les Médicis voulaient utiliser
les carrières de Pietrasanta, récemment acquises par
Florence, de préférence à celles de Carrare. Pour avoir
pris le parti des Carrarais, Michel-Ange fut injurieusement accusé par le pape de s'être fait acheter; (2) et

---

(1) « Je veux faire de cette façade une œuvre qui soit un miroir de
l'architecture et de la sculpture, pour toute l'Italie. Il faut que le
pape et le cardinal [Jules de Médicis, le futur Clément VII], se
décident vite, s'ils veulent que je la fasse, ou non. Et s'ils veulent
que je la fasse, il faut qu'on signe un traité... Messer Domenico,
donnez-moi une réponse ferme au sujet de leurs intentions. Cela
me ferait la plus grande des joies. » (A Domenico Buoninsegni,
juillet 1517)

Le traité fut signé avec Léon X, le 19 janvier 1518. Michel-Ange
s'engageait à élever la façade en huit ans.

(2) Lettre du cardinal Jules de Médicis à Michel-Ange, 2 février 1518 : « Quelque soupçon a été éveillé en nous que vous ne
soyiez du parti des Carrarais par intérêt personnel et que vous
ne veuillez déprécier les carrières de Pietrasanta... Nous vous faisons savoir, sans entrer en d'autres explications, que Sa Sainteté
veut que tout le travail entrepris soit exécuté avec les blocs de

pour avoir dû obéir aux ordres du pape, il fut persécuté par les Carrarais, qui s'entendirent avec les mariniers ligures : il ne trouva plus une seule barque, de Gênes à Pise, pour transporter ses marbres. (1) Il lui fallut construire une route, en partie sur pilotis, à travers les montagnes et les plaines marécageuses. Les gens du pays ne voulaient pas contribuer aux dépenses du chemin. Les travailleurs n'entendaient rien à leur tâche. Les carrières étaient neuves, les ouvriers étaient neufs. Michel-Ange gémissait :

« J'ai entrepris de réveiller les morts, en voulant dompter ces montagnes et apporter l'art ici. » (2)

Il tenait bon, pourtant :

« Ce que j'ai promis, je l'exécuterai, en dépit de tout ; je ferai la plus belle œuvre qui ait jamais été faite en Italie, si Dieu m'assiste. »

Que de force, d'enthousiasme, de génie perdus en vain ! A la fin de septembre 1518, il tomba malade à Seravezza, de surmenage et d'ennuis. Il savait bien que sa santé et ses rêves se consumaient à cette vie de manœuvre. Il était obsédé par le désir de commencer enfin

---

marbre de Pietrasanta, et nuls autres... Si vous agissiez autrement, ce serait contre le désir exprès de Sa Sainteté et le nôtre, et nous aurions bonne raison d'être sérieusement irrités contre vous... Bannissez donc cet entêtement de votre esprit. »

(1) « J'ai été jusqu'à Gênes pour chercher des barques... Les Carrarais ont acheté tous les patrons de bateaux... Je dois aller à Pise... » (Lettre de Michel-Ange à Urbano, 2 avril 1518) — « Les barques que j'avais louées à Pise ne sont jamais venues. Je crois qu'on m'a joué : c'est mon lot en toutes choses ! O mille fois maudits le jour et l'heure où j'ai quitté Carrare ! C'est la cause de ma ruine... » (Lettre du 18 avril 1518)

(2) Lettre du 18 avril 1518. — Et, quelques mois plus tard : « La carrière est très escarpée, et les gens sont tout à fait ignorants : patience ! il faut dompter les montagnes et instruire les hommes... » (Lettre de septembre 1518, à Berto da Filicaja)

son travail et par l'angoisse de ne le pouvoir faire. Il était talonné par ses autres engagements auxquels il ne pouvait satisfaire. (1)

« Je meurs d'impatience, parce que mon mauvais destin ne me permet pas de faire ce que je voulais... Je meurs de douleur, je me fais l'effet d'un trompeur, bien que ce ne soit point ma faute... » (2)

Revenu à Florence, il se rongeait en attendant l'arrivée des convois de marbre; mais l'Arno était à sec, les barques chargées de blocs ne pouvaient remonter le fleuve.

Enfin elles arrivèrent : va-t-il se mettre au travail, cette fois? — Non. Il retourne aux carrières. Il s'obstine à ne pas commencer, avant d'avoir réuni, comme autrefois pour le tombeau de Jules II, toute une montagne de marbre. Il recule toujours le moment de commencer; il en a peur peut-être. N'a-t-il pas trop promis? Ne s'est-il pas engagé d'une façon téméraire dans ce grand travail d'architecture? Ce n'est point là son métier : où l'aurait-il appris? Et maintenant, il ne peut plus avancer, ni reculer.

Tant de peines ne réussissaient même point à assurer le transport des marbres. Sur six colonnes monolithiques envoyées à Florence, quatre se brisèrent en route, une à Florence même. Il était la dupe de ses ouvriers.

A la fin, le pape et le cardinal de Médicis s'impatientèrent de tant de temps précieux, inutilement perdu au

____

(1) Le *Christ* de la Minerve, et le tombeau de Jules II.
(2) Lettre du 21 décembre 1518 au cardinal d'Agen. — De ce temps semblent être les quatre statues informes, à peine ébauchées, des grottes Boboli. (Quatre *Esclaves*, pour le tombeau de Jules II)

milieu des carrières et des chemins boueux. Le 10 mars 1520, un bref du pape délia Michel-Ange du contrat de 1518 pour la façade de Saint-Laurent. Michel-Ange n'en reçut avis que par l'arrivée à Pietrasanta des équipes d'ouvriers envoyés pour le remplacer. Il en fut cruellement blessé.

« Je ne compte pas au cardinal, dit-il, les trois ans que j'ai perdus ici. Je ne lui compte pas que je suis ruiné par cette œuvre de Saint-Laurent. Je ne lui compte pas le très grand affront que l'on m'a fait, en me donnant cette commande, et puis en me la retirant : et je ne sais pas seulement pourquoi ! Je ne lui compte pas tout ce que j'ai perdu et tout ce que j'ai dépensé... Et maintenant, cela peut se résumer ainsi : le pape Léon reprend la carrière avec les blocs taillés; il me reste l'argent que j'ai en main : — 5oo ducats; — et l'on me rend ma liberté ! » (1)

Ce n'étaient pas ses protecteurs que Michel-Ange devait accuser : c'était lui-même, et il le savait bien. C'était là la pire douleur. Il se débattait contre lui-même. De 1515 à 1520, dans la plénitude de sa force, et débordant de génie, qu'avait-il fait? — Le fade *Christ* de la Minerve, — une œuvre de Michel-Ange où Michel-Ange n'est pas ! — Encore ne put-il même pas l'achever. (2)

---

(1) *Lettres,* 1520 (édition Milanesi, page 415).

(2) Michel-Ange confia le soin de terminer ce *Christ* à son maladroit disciple Pietro Urbano, qui « l'estropia ». (Lettre de Sébastien del Piombo à Michel-Ange, 6 septembre 1521) Le sculpteur Frizzi, de Rome, répara tant bien que mal les dégâts.

Tous ces déboires n'empêchaient pas Michel-Ange de chercher de nouvelles tâches à ajouter à celles qui l'écrasaient. Le 20 octobre 1519, il signa la requête des Académiciens de Florence à

De 1515 à 1520, dans ces dernières années de la grande Renaissance, avant les cataclysmes qui allaient mettre fin au printemps de l'Italie, Raphaël avait peint *les Loges*, la *Chambre de l'Incendie*, la Farnésine, des chefs-d'œuvre dans tous les genres, élevé la villa Madame, dirigé la construction de Saint-Pierre, les fouilles, les fêtes, les monuments, gouverné l'art, fondé une école innombrable; et il mourait au milieu de son travail triomphant. (1)

* * *

L'amertume de ses désillusions, le désespoir des jours perdus, des espérances ruinées, de la volonté brisée, se reflètent dans les sombres œuvres de la période suivante : les tombeaux des Médicis, et les nouvelles statues du monument de Jules II. (2)

Le libre Michel-Ange, qui ne fit, toute sa vie, que passer d'un joug à un autre, avait changé de maître. Le cardinal Jules de Médicis, bientôt pape sous le nom de Clément VII, régna sur lui, de 1520 à 1534.

On a été très sévère pour Clément VII. Sans doute, comme tous ces papes, il voulut faire de l'art et des artistes les serviteurs de son orgueil de race. Mais Michel-Ange n'a pas trop à se plaindre de lui. Nul pape ne l'a autant aimé. Nul n'a témoigné un intérêt plus constant et plus passionné à ses travaux. (3) Nul n'a mieux

---

Léon X, pour ramener les restes de Dante, de Ravenne à Florence; et il s'offrit « à élever au poète divin un monument digne de lui ».

(1) Le 6 avril 1520.

(2) *Le Vainqueur.*

(3) En 1526, Michel-Ange devait lui écrire, chaque semaine.

compris sa faiblesse de volonté, prenant au besoin sa défense contre lui-même, et l'empêchant de se disperser en vain. Même après la révolte de Florence et la rébellion de Michel-Ange, Clément ne changea rien à ses dispositions pour lui. (1) Mais il ne dépendait pas de lui d'apaiser l'inquiétude, la fièvre, le pessimisme, la mortelle mélancolie, qui rongeaient ce grand cœur. Qu'importait la bonté personnelle d'un maître? C'était toujours un maître!...

« J'ai servi les papes, disait Michel-Ange, plus tard mais ce fut par contrainte. » (2)

Qu'importait un peu de gloire et une ou deux belles œuvres ? Cela était si loin de tout ce qu'il avait rêvé !... Et la vieillesse venait. Et tout s'assombrissait autour de lui. La Renaissance mourait. Rome allait être saccagée par les Barbares. L'ombre menaçante d'un Dieu triste allait peser sur la pensée de l'Italie. Michel-Ange sentait venir l'heure tragique; et il souffrait d'une angoisse étouffante.

Après avoir arraché Michel-Ange à l'inextricable entreprise où il était embourbé, Clément VII résolut de lancer son génie dans une nouvelle voie, où il avait l'intention de le surveiller de près. Il lui confia la

------

(1) « Il adore tout ce que vous faites, écrit Sébastien del Piombo à Michel-Ange; il l'aime autant qu'on peut aimer. Il parle de vous si honorablement, et avec tant d'affection, qu'un père ne dirait pas de son fils tout ce qu'il dit de vous... » (29 avril 1531) — « Si vous vouliez venir à Rome, vous seriez tout ce que vous voudriez, duc ou roi... Vous auriez votre part de cette papauté, dont vous êtes le maître, et dont vous pouvez avoir et faire ce que vous voulez. » (5 décembre 1531)
(Il faut, à la vérité, faire la part, dans ces protestations, de la hâblerie vénitienne de Sébastien del Piombo.)

(2) Lettre de Michel-Ange à son neveu Lionardo (1548).

construction de la chapelle et des tombeaux des Médicis. (1) Il entendait le réserver entièrement à son service. Il lui proposa même d'entrer dans les ordres, (2) lui offrant un bénéfice ecclésiastique. Michel-Ange refusa; mais Clément VII ne lui en paya pas moins une pension mensuelle, triple de celle qu'il demandait, et lui fit don d'une maison dans le voisinage de Saint-Laurent.

Tout semblait en bonne voie, et le travail pour la chapelle était mené activement, quand tout à coup Michel-Ange abandonna sa maison et refusa la pension de Clément VII. (3) Il traversait une nouvelle crise de découragement. Les héritiers de Jules II ne lui pardonnaient pas d'avoir abandonné l'œuvre entreprise; ils le menaçaient de poursuites, ils mettaient en cause sa loyauté. Michel-Ange s'affolait à l'idée d'un procès; sa conscience donnait raison à ses adversaires et l'accusait d'avoir failli à ses engagements : il lui semblait impossible d'accepter de l'argent de Clément VII, tant qu'il n'aurait pas restitué celui qu'il avait reçu de Jules II.

---

(1) Les travaux furent commencés dès mars 1521, mais ne furent poussés activement qu'à partir de la nomination du cardinal Jules de Médicis au trône pontifical, sous le nom de Clément VII, le 19 novembre 1523. — (Léon X était mort le 6 décembre 1521, et Adrien VI lui avait succédé de janvier 1522 à septembre 1523.)

Le plan primitif comprenait quatre tombeaux : ceux de Laurent le Magnifique, de Julien son frère, de Julien duc de Nemours son fils, et de Laurent duc d'Urbin son petit-fils. En 1524, Clément VII décida d'y faire ajouter le sarcophage de Léon X, et le sien, en leur attribuant la place d'honneur. — Voir Marcel Reymond : *L'Architecture des tombeaux des Médicis* (Gazette des Beaux-Arts, 1907).

En même temps, Michel-Ange fut chargé de construire la Bibliothèque de Saint-Laurent.

(2) Il s'agissait pour lui de l'ordre des Franciscains. (Lettre de Fattucci à Michel-Ange, au nom de Clément VII, le 2 janvier 1524).

(3) Mars 1524.

« Je ne travaille plus, je ne vis plus, » écrivait-il. (1)
Il suppliait le pape d'intervenir auprès des héritiers
de Jules II, de l'aider à restituer tout ce qu'il leur
devait :

Je vendrai, je ferai tout ce qu'il faudra pour arriver à cette
restitution.

Ou bien, qu'on lui permît de se consacrer entièrement
au monument de Jules II :

J'aspire plus à sortir de cette obligation qu'à vivre.

A la pensée que, si Clément VII venait à mourir, il
serait abandonné aux poursuites de ses ennemis, il était
comme un enfant, il pleurait et se désespérait :

Si le pape me laisse là, je ne pourrai plus rester dans
ce monde... Je ne sais pas ce que j'écris, j'ai la tête complètement perdue... (2)

Clément VII, qui ne prenait pas très au sérieux ce
désespoir d'artiste, insistait pour qu'il n'interrompît
pas le travail de la chapelle des Médicis. Ses amis ne
comprenaient rien à ses scrupules et l'engageaient à ne
pas se donner le ridicule de refuser sa pension. L'un le
secouait vivement, pour avoir agi sans réflexion, et le
priait à l'avenir de ne plus s'abandonner à ses lubies. (3)
L'autre lui écrivait :

On me dit que vous avez refusé votre pension, abandonné
votre maison, et cessé votre travail : cela me paraît un acte

------

(1) Lettre de Michel-Ange à Giovanni Spina, agent du pape.
(19 avril 1525)
(2) Lettre de Michel-Ange à Fattucci. (24 octobre 1525)
(3) Lettre de Fattucci à Michel-Ange. (22 mars 1524)

de pure folie. Mon ami, mon compère, vous faites le jeu de vos ennemis... Ne vous occupez donc plus du tombeau de Jules II, et prenez la pension; car ils la donnent de bon cœur. (1)

Michel-Ange s'obstinait. — La trésorerie pontificale lui joua le tour de le prendre au mot : elle supprima la pension. Le malheureux homme, aux abois, fut réduit, quelques mois plus tard, à redemander ce qu'il avait refusé. Il le fit d'abord timidement, avec honte :

Mon cher Giovanni, puisque la plume est toujours plus hardie que la langue, je vous écris ce que je voulais vous dire plusieurs fois, ces jours-ci, et ce que je n'ai pas eu le courage de vous exprimer de vive voix : puis-je encore compter sur une pension ?... Si j'étais certain de ne plus la recevoir, cela ne changerait rien à mes dispositions : je n'en travaillerais pas moins pour le pape autant que je pourrais; mais j'arrangerais mes affaires en conséquence. (2)

Puis, traqué par la nécessité, il revient à la charge :

Après avoir bien réfléchi, j'ai vu combien cette œuvre de Saint-Laurent tient à cœur au pape; et puisque S. S. m'a accordé, d'Elle-même, une pension, dans le dessein que j'aie plus de commodité pour la servir promptement, ce serait retarder le travail que ne pas accepter : j'ai donc changé d'avis; et moi qui jusqu'à présent ne demandais pas cette pension, je la demande maintenant, pour plus de raisons que je n'en puis écrire... Voulez-vous me la donner, en

---

(1) Lettre de Lionardo sellajo à Michel-Ange. (24 mars 1524)
(2) Lettre de Michel-Ange à Giovanni Spina. (1524, édition Milanesi, page 425)

la faisant compter du jour où elle m'a été accordée...
Dites-moi à quel moment vous aimez mieux que je la
prenne. (1)

On voulut lui donner une leçon : on fit la sourde
oreille. Deux mois plus tard, il n'avait encore rien reçu.
Il fut forcé de réclamer la pension plus d'une fois, dans
la suite.

Il travaillait, tout en se tourmentant; il se plaignait que ces soucis fussent des entraves à son ima-
gination :

... Les ennuis peuvent beaucoup sur moi... On ne peut pas
travailler des mains à une chose, et de la tête à une autre,
surtout en sculpture. On dit que tout cela sert à m'aiguil-
lonner; mais je dis que ce sont de mauvais aiguillons, qui
disposent à retourner en arrière. Il y a déjà plus d'un an que
je n'ai reçu de pension, et je lutte avec la misère : je suis
très seul, au milieu de mes peines; et j'en ai tant, qu'elles
m'occupent plus que l'art : je n'ai pas les moyens d'avoir
quelqu'un qui me serve. (2)

Clément VII se montrait parfois touché de ses
souffrances. Il lui faisait exprimer affectueusement
sa sympathie. Il l'assurait de sa faveur, « aussi longtemps qu'il vivrait ». (3) Mais l'incurable frivolité des
Médicis prenait le dessus; et, au lieu de le décharger
d'une partie de ses travaux, il lui faisait de nouvelles
commandes : entre autres, celle d'un absurde Colosse,
dont la tête eût été un clocher, et le bras une che-

---

(1) Lettre de Michel-Ange à Giovanni Spina.. (29 août 1525)
(2) Lettre de Michel-Ange à Fattucci. (24 octobre 1525)
(3) Lettre de Pier Paolo Marzi, de la part de Clément VII, à
Michel-Ange. (23 décembre 1525)

minée : (1) Michel-Ange dut s'occuper quelque temps de cette idée baroque. — Il lui fallait aussi être constamment aux prises avec ses ouvriers, ses maçons, ses charretiers, qu'essayaient de débaucher des apôtres précurseurs de la journée de huit heures. (2)

En même temps, ses ennuis domestiques ne faisaient que croître. Son père devenait plus irritable et plus injuste avec l'âge; un jour, il s'avisa de s'enfuir de Florence, en accusant son fils de l'avoir chassé. Michel-Ange lui écrivit cette lettre admirable : (3)

Très cher père, j'ai été bien surpris hier de ne pas vous trouver à la maison; et maintenant que j'apprends que vous vous plaignez de moi et que vous dites que je vous ai chassé, je m'étonne encore plus. Depuis le jour où je suis né jusqu'à aujourd'hui, je suis certain de n'avoir jamais eu l'intention de faire chose, grande ou petite, qui vous déplût; toutes les peines que j'ai supportées, je les ai toujours supportées par amour de vous... J'ai toujours pris votre parti... Il y a peu de jours encore, je vous disais et je vous promettais de vous consacrer toutes mes forces, aussi longtemps que je vivrais; et je vous le promets de nouveau. Je suis stupéfait que vous ayez si vite oublié tout cela. Depuis trente ans, vous m'avez éprouvé, vous et vos fils, vous savez que j'ai toujours été bon pour vous, autant que je le pouvais, en pensée et en action. Comment pouvez-vous aller répéter partout que je vous ai chassé ? Ne voyez-vous pas quelle réputation vous me faites ? Il ne me manque

---

(1) Lettres d'octobre à décembre 1525. (Édition Milanesi, pages 448-449) Voir dans le *Michel-Ange* de la collection des *Maîtres de l'Art* un résumé de cette étrange affaire, et le projet de Michel-Ange.

(2) Lettre de Michel-Ange à Fattucci. (17 juin 1526)

(3) Henry Thode date cette lettre de 1521 environ. Dans le recueil de Milanesi, elle figure (à tort) à la date de 1516.

plus rien à présent, avec mes autres soucis; et tous ces soucis, je les ai par amour pour vous ! Vous m'en récompensez bien !... Mais qu'il en soit ce qui voudra : je veux me persuader à moi-même que je n'ai jamais cessé de vous causer honte et dommage; et je vous en demande pardon, comme si je l'avais fait. Pardonnez-moi, comme à un fils qui a toujours mal vécu et qui vous a fait tout le mal qu'on peut faire en ce monde. Encore une fois, je vous en prie, pardonnez-moi comme à un misérable que je suis; mais ne me donnez pas cette réputation que je vous aurais chassé; car ma réputation m'importe plus que vous ne croyez : malgré tout, je suis pourtant votre fils !

Tant d'amour et d'humilité ne désarmait qu'un instant l'esprit aigri du vieillard. Quelque temps après, il accusait son fils de le voler. Michel-Ange, poussé à bout, lui écrivit : (1)

Je ne sais plus ce que vous voulez de moi. S'il vous est à charge que je vive, vous avez trouvé le bon moyen pour vous débarrasser de moi, et vous rentrerez bientôt en possession des clefs du trésor que vous prétendez que je garde. Et vous ferez bien; car chacun sait à Florence que vous étiez un homme immensément riche, que je vous ai toujours volé et que je mérite d'être châtié : vous serez hautement loué !... Dites et criez de moi tout ce que vous voulez, mais ne m'écrivez plus; car vous ne me laissez plus travailler. Vous me forcez à vous rappeler tout ce que vous avez reçu de moi, depuis vingt-cinq ans. Je ne voudrais pas le dire; mais je suis bien forcé de le dire, à la fin !... Prenez bien garde... On ne meurt qu'une fois, et on ne revient plus après, pour réparer les injustices qu'on a faites. Vous avez attendu jusqu'à la veille de la mort pour les faire. Dieu vous aide !

Tel était le secours qu'il trouvait chez les siens.

---

(1) *Lettres* (juin 1523).

« Patience! soupirait-il dans une lettre à un ami. Que Dieu ne permette point que ce qui ne lui déplaît pas me déplaise! » (1)

Au milieu de ces chagrins, le travail n'avançait pas. Quand survinrent les événements politiques qui bouleversèrent l'Italie, en 1527, pas une statue de la chapelle des Médicis n'était encore prête. (2) Ainsi, cette nouvelle période de 1520 à 1527 n'avait fait qu'ajouter ses désillusions et ses fatigues à celles de la période précédente, sans avoir apporté à Michel-Ange la joie d'une seule œuvre achevée, d'un seul dessein réalisé, depuis plus de dix ans.

(1) Lettre de Michel-Ange à Fattucci. (17 juin 1526)

(2) La même lettre, de juin 1526, dit qu'une statue de capitaine est commencée, ainsi que quatre allégories des sarcophages, et la Madone.

III

LE DÉSESPOIR

Oilme, Oilme, ch'i' son tradito... (1)

L'universel dégoût des choses et de lui-même le jeta dans la Révolution, qui éclata à Florence en 1527.

Michel-Ange avait jusque-là porté dans les affaires politiques la même indécision d'esprit, dont il eut toujours à souffrir dans sa vie et dans son art. Jamais il n'arriva à concilier ses sentiments personnels avec ses obligations envers les Médicis. Ce génie violent fut d'ailleurs toujours timide dans l'action; il ne se risquait pas à lutter contre les puissances de ce monde sur le terrain politique et religieux. Ses lettres le montrent toujours inquiet pour lui et pour les siens, craignant de se compromettre, démentant les paroles hardies qu'il lui arrivait de prononcer, dans un premier mouvement d'indignation contre quelque acte de tyrannie. (2) A tout

------

(1) *Poésies*, XLIX.
(2) Lettre de septembre 1512, à propos de ce qu'il avait dit sur le sac de Prato par les Impériaux, alliés des Médicis.

85

6

instant, il écrit aux siens de prendre garde, de se taire
de fuir à la première alerte :

Faites comme au temps de la peste, soyez les premiers à
fuir... La vie vaut mieux que la fortune... Restez en paix, ne
vous faites aucun ennemi, ne vous confiez à personne, sauf
à Dieu, et ne dites de personne ni bien ni mal, parce qu'on
ne connaît pas la fin des choses ; occupez-vous seulement de
vos affaires... Ne vous mêlez de rien. (1)

Ses frères et ses amis raillaient ses inquiétudes et le
traitaient de fou. (2)

« Ne te moque pas de moi, répondait Michel-Ange
attristé, on ne doit se moquer de personne. » (3)

Le tremblement perpétuel de ce grand homme n'a en
effet rien qui prête à rire. Il était à plaindre plutôt pour
ses misérables nerfs, qui faisaient de lui le jouet de
terreurs, contre lesquelles il luttait, sans pouvoir s'en
rendre maître. Il n'en avait que plus de mérite, au sortir
de ces accès humiliants, à contraindre son corps et sa
pensée malades à subir le danger, que son premier
mouvement avait été de fuir. D'ailleurs il avait plus de
raisons de craindre qu'un autre, car il était plus intelligent, et son pessimisme ne prévoyait que trop clairement les malheurs de l'Italie. — Mais, pour qu'avec sa
timidité naturelle il se laissât entraîner dans la révolution florentine, il fallait qu'il fût dans une exaltation de désespoir, qui lui fit dévoiler le fond de son
âme.

Cette âme, si craintivement repliée sur elle-même,

---

(1) Lettre de Michel-Ange à Buonarroto (septembre 1512).
(2) « Je ne suis pas un fou, comme vous croyez... » (Michel-Ange
à Buonarroto, septembre 1515)
(3) Michel-Ange à Buonarroto (septembre et octobre 1512).

était ardemment républicaine. On le voit aux paroles de flamme qui lui échappèrent parfois, dans des moments de confiance ou de fièvre, — en particulier dans les conversations qu'il eut plus tard (1) avec ses amis Luigi del Riccio, Antonio Petreo, et Donato Giannotti, (2) et que ce dernier reproduisit dans ses *Dialogues sur la Divine Comédie de Dante*. (3) Les amis s'étonnaient que Dante eût mis Brutus et Cassius au dernier degré de l'Enfer, et César au-dessus. Michel-Ange, interrogé, fait l'apologie du tyrannicide :

Si vous aviez lu attentivement les premiers chants, dit-il, vous auriez vu que Dante n'a que trop bien connu la nature des tyrans, et qu'il a su de quels châtiments ils méritaient d'être frappés par Dieu et par les hommes. Il les place parmi les « violents contre le prochain », qu'il fait punir dans le septième Cercle, en les plongeant dans le sang bouillonnant... Puisque Dante a reconnu cela, il est impossible d'admettre qu'il n'ait pas reconnu que César a été le tyran de sa patrie et que Brutus et Cassius l'ont massacré avec justice; car celui qui tue un tyran ne tue pas un homme, mais une bête à figure humaine. Tous les tyrans sont dénués de l'amour que chacun doit ressentir naturellement pour son prochain, ils sont privés des inclinations humaines : ce ne sont donc plus des hommes, mais des bêtes. Qu'ils n'aient aucun amour pour le prochain, c'est

---

(1) En 1545.

(2) C'est pour Donato Giannotti que Michel-Ange fit le buste de *Brutus*. Quelques années avant le Dialogue, en 1536, Alexandre de Médicis venait d'être assassiné par Lorenzino, qui fut célébré, comme un autre Brutus.

(3) *De' giorni che Dante consumò nel cercare l'Inferno e 'l Purgatorio.* — La question que discutent les amis est celle de savoir combien de jours Dante a passés en Enfer : est-ce du vendredi soir au samedi soir, ou du jeudi soir au dimanche matin? On a recours à Michel-Ange, qui connaissait l'œuvre de Dante mieux que personne.

l'évidence même : autrement, ils n'auraient pas pris ce qui appartient aux autres, et ne seraient pas devenus tyrans en foulant aux pieds les autres... Il est donc clair que qui tue un tyran ne commet pas un assassinat, puisqu'il ne tue pas un homme, mais une bête. Ainsi, Brutus et Cassius ne firent pas un crime en massacrant César. Premièrement, parce qu'ils tuèrent un homme que chaque citoyen romain était tenu de tuer, d'après l'ordre des lois. Secondement, parce qu'ils ne tuèrent pas un homme, mais une bête à figure humaine. (1)

Aussi Michel-Ange se trouva-t-il au premier rang des révoltés florentins, dans les jours de réveil national et républicain, qui suivirent à Florence la nouvelle de la prise de Rome par les armées de Charles-Quint, (2) et l'expulsion des Médicis. (3) Le même homme qui, en temps ordinaire, recommandait aux siens de fuir la politique comme la peste, était dans un état de surexcitation telle qu'il ne craignait plus ni l'une ni l'autre. Il resta à Florence où était la peste et la révolution. L'épidémie frappa son frère Buonarroto, qui mourut dans ses bras. (4) En octobre 1528, il prit part aux délibérations pour la défense de la ville. Le 10 janvier 1529, il fut choisi, dans le *Collegium* des *Nove di milizia* pour les travaux des fortifications. Le 6 avril, il fut nommé, pour un an, *governatore generale* et *procuratore* des fortifications

---

(1) Michel-Ange — (ou Giannotti, qui parle en son nom) — a soin de distinguer des tyrans les rois héréditaires, ou les princes constitutionnels : « Je ne parle pas ici des princes qui possèdent leur pouvoir par l'autorité des siècles, ou par la volonté du peuple, et qui gouvernent leur ville en parfait accord d'esprit avec le peuple... »

(2) 6 mai 1527.

(3) Expulsion d'Hippolyte et Alexandre de Médicis. (17 mai 1527)

(4) 2 juillet 1528.

de Florence. En juin, il alla inspecter la citadelle de Pise, et les bastions d'Arezzo et de Livourne. En juillet et en août, il fut envoyé à Ferrare, pour y examiner les fameux ouvrages de défense, et conférer avec le duc, grand connaisseur en fortifications.

Michel-Ange reconnut que le point le plus important de la défense de Florence était la colline de San Miniato ; il décida d'assurer cette position par des bastions. Mais, — on ne sait pourquoi, — il se heurta à l'opposition du gonfalonier Capponi, qui chercha à l'éloigner de Florence. (1) Michel-Ange, soupçonnant Capponi et le parti des Médicis de vouloir se débarrasser de lui, pour empêcher la défense de la ville, s'installa à San Miniato et n'en bougea plus. Mais sa défiance maladive accueillait tous les bruits de trahison qui circulent toujours dans une ville assiégée, et qui, cette fois, n'étaient que trop fondés. Capponi, suspect, avait été remplacé comme gonfalonier par Francesco Carducci ; mais on avait nommé *condottiere* et gouverneur général des troupes florentines l'inquiétant Malatesta Baglioni, qui devait plus tard livrer la ville au pape. Michel-Ange pressentait le crime. Il fit part de ses craintes à la Seigneurie. « Le gonfalonier Carducci, au lieu de le remercier, le réprimanda injurieusement ; il lui reprocha d'être toujours soupçonneux et peureux. » (2) Malatesta apprit la dénonciation de Michel-Ange : un homme de sa trempe ne reculait devant rien, pour écarter un adversaire dangereux ; et il était tout puis-

______

(1) Busini, d'après les confidences de Michel-Ange.
(2) Condivi.—« Et certes, ajoute Condivi, il eût mieux fait d'ouvrir l'oreille au bon conseil ; car lorsque les Médicis rentrèrent, il fut décapité. »

sant à Florence, comme généralissime. Michel-Ange se
crut perdu.

J'étais cependant résolu,

écrit-il,

à attendre sans crainte la fin de
la guerre. Mais le mardi matin, 21 septembre, quelqu'un
vint hors la porte San Niccolò, où j'étais aux bastions ;
et il me dit à l'oreille que si je voulais sauver ma vie, je ne
pouvais rester plus longtemps à Florence. Il vint avec moi
à ma maison, il mangea avec moi, il m'amena des chevaux,
et il ne me quitta plus qu'il ne m'eût vu hors de Florence. (1)

Varchi, complétant ces renseignements, ajoute que
Michel-Ange « fit coudre 12.000 florins d'or en trois
chemises piquées en forme de jupons, et qu'il s'enfuit
de Florence, non sans difficulté, par la porte de la
Justice qui était la moins gardée, avec Rinaldo Corsini
et son élève Antonio Mini ».

« Si c'était Dieu ou le diable qui me poussait, je ne
sais pas », écrit Michel-Ange, quelques jours après.

C'était son démon habituel de terreur démente. Dans
quel effroi devait-il être, s'il est vrai, comme on le rap-
porte, que sur le chemin, à Castelnuovo, s'arrêtant chez
l'ancien gonfalonier Capponi, il lui communiqua par ses
récits un tel saisissement, que le vieillard en mourut
quelques jours après ! (2)

Le 23 septembre, Michel-Ange était à Ferrare. Dans
sa fièvre, il refusa l'hospitalité que le duc lui offrait au

---

(1) Lettre de Michel-Ange à Battista della Palla. (25 septembre
1529)
(2) Segni.

château, et continua sa fuite. Il arriva, le 25 septembre,
à Venise. La Seigneurie, en ayant eu avis, lui envoya
deux gentilshommes, pour mettre à sa disposition tout
ce dont il pouvait avoir besoin ; mais honteux et sauvage, il refusa, et se retira à l'écart, à la Giudecca. Il
ne se croyait pas encore assez loin. Il voulait fuir en
France. Le jour même de son arrivée à Venise, il
adresse une lettre anxieuse et trépidante à Battista
della Palla, agent de François Ier en Italie pour l'achat
des œuvres d'art :

Battista, très cher ami, j'ai quitté Florence pour aller en
France ; et, arrivé à Venise, je me suis informé du chemin :
on m'a dit que, pour y aller, il fallait passer par les pays
allemands, ce qui est dangereux et pénible pour moi. Avez-
vous encore l'intention d'y aller ?... Je vous en prie, informez-
m'en, et dites-moi où vous voulez que je vous attende :
nous irons ensemble... Je vous en prie, répondez-moi, au
reçu de cette lettre, et aussi vite que vous pourrez ; car je me
consume du désir d'y aller. Et si vous n'avez plus envie d'y
aller, faites-le moi savoir, afin que je me décide, coûte que
coûte, à aller seul... (1)

L'ambassadeur de France à Venise, Lazare de Baïf,
se hâta d'écrire à François Ier et au connétable de Mont-
morency ; il les pressait de profiter de l'occasion pour
attacher Michel-Ange à la cour de France. Le roi fit
offrir aussitôt à Michel-Ange une pension et une maison.
Mais cet échange de lettres prit naturellement un certain temps ; et quand arriva l'offre de François Ier,
Michel-Ange était déjà retourné à Florence.

Sa fièvre était tombée. Dans le silence de la Giudecca,

---

(1) Lettre de Michel-Ange à Battista della Palla. (25 septembre
1529)

il avait eu le loisir de rougir de sa peur. Sa fuite avait fait grand bruit à Florence. Le 3o septembre, la Seigneurie décréta que tous ceux qui avaient fui seraient bannis, comme rebelles, s'ils ne rentraient pas avant le 7 octobre. A la date fixée, les fuyards furent déclarés rebelles, et leurs biens confisqués. Cependant, le nom de Michel-Ange ne figurait pas encore sur la liste ; la Seigneurie lui laissait un dernier délai, et l'ambassadeur Florentin à Ferrare, Galeotto Giugni, avertit la République que Michel-Ange avait eu trop tard connaissance du décret, et qu'il était prêt à revenir, si on lui faisait grâce. La Seigneurie promit son pardon à Michel-Ange ; et elle lui fit porter à Venise un sauf-conduit par le tailleur de pierres Bastiano di Francesco. Bastiano lui remit en même temps dix lettres d'amis, qui, tous, le conjuraient de revenir. (1) Entre tous, le généreux Battista della Palla lui adressait un appel plein d'amour de la patrie :

> Tous vos amis, sans distinction d'opinion, sans hésiter, d'une seule voix, vous exhortent à revenir, pour conserver votre vie, votre patrie, vos amis, vos biens et votre honneur, et pour jouir des temps nouveaux, que vous avez ardemment désirés et espérés.

Il croyait que l'âge d'or était revenu pour Florence, et il ne doutait point du triomphe de la bonne cause. — Le malheureux devait être une des premières victimes de la réaction, après le retour des Médicis.

Ses paroles décidèrent Michel-Ange. Il revint, — lentement ; car Battista della Palla, qui alla au-devant de

______

(1) 22 octobre 1529.

lui à Lucques, l'attendit, de longs jours, et il commençait à désespérer. (1) Enfin, le 20 novembre, Michel-Ange rentra à Florence. (2) Le 23, sa sentence de bannissement fut levée par la Seigneurie; mais il fut décidé que le grand Conseil lui resterait fermé, trois ans. (3)

Dès lors, Michel-Ange fit bravement son devoir jusqu'au bout. Il reprit sa place à San Miniato, que les ennemis bombardaient depuis un mois; il fit fortifier de nouveau la colline, inventa des engins nouveaux, et sauva, dit-on, le *campanile,* en le garnissant de balles de laine et de matelas suspendus à des cordes. (4) La dernière trace que l'on ait de son activité pendant le siège est une nouvelle du 22 février 1530, qui le montre grimpant sur le dôme de la cathédrale, pour surveiller les mouvements de l'ennemi, ou pour inspecter l'état de la coupole.

Cependant, le malheur prévu s'accomplit. Le 2 août 1530, Malatesta Baglioni trahit. Le 12, Florence capitula,

---

(1) Il lui écrivit de nouvelles lettres, le conjurant de revenir.

(2) Quatre jours avant, sa pension lui avait été enlevée par décret de la Seigneurie.

(3) D'après une lettre de Michel-Ange à Sébastien del Piombo, il aurait dû aussi payer à la Commune une amende de 1.500 ducats.

(4) « Lorsque le pape Clément et les Espagnols vinrent mettre le siège devant Florence, raconte Michel-Ange à François de Hollande, les ennemis furent longtemps arrêtés par les machines que j'avais fait élever sur les tours. Une nuit, je faisais couvrir l'extérieur des murs de sacs de laine; une autre, je faisais creuser des fossés, que je remplissais de poudre, pour brûler les Castillans; je faisais sauter dans l'air leurs membres déchirés... Voilà à quoi sert la peinture! Elle sert pour les machines et pour les instruments de guerre; elle sert pour donner une forme convenable aux bombardes et aux arquebuses; elle sert pour jeter des ponts et confectionner des échelles; elle sert surtout pour les plans et les proportions des forteresses, des bastions, des fossés, des mines et contremines... »

(François de Hollande : *Dialogue sur la peinture dans la ville de Rome.* Troisième partie, 1549)

et l'Empereur remit la ville au commissaire du pape, Baccio Valori. Alors les exécutions commencèrent. Les premiers jours, rien n'arrêta la vengeance des vainqueurs; les meilleurs amis de Michel-Ange, — Battista della Palla, — furent des premiers frappés. Michel-Ange se cacha, dit-on, dans le clocher de San Niccolò-oltr'Arno. Il avait de justes raisons de craindre : le bruit s'était répandu qu'il avait voulu démolir le palais des Médicis. Mais Clément VII n'avait point perdu son affection pour lui. A en croire Sébastien del Piombo, il s'était montré fort attristé par ce qu'il apprenait de Michel-Ange, pendant le siège; mais il se contentait de hausser les épaules et de dire : « Michel-Ange a tort; je ne lui ai jamais fait de mal. » (1) Aussitôt que la première colère des proscripteurs fut tombée, Clément VII écrivit à Florence; il enjoignait de chercher Michel-Ange, ajoutant que s'il voulait continuer à travailler aux tombeaux des Médicis, il devait être traité avec tous les égards qu'il méritait. (2)

Michel-Ange sortit de sa cachette et reprit son travail à la gloire de ceux qu'il avait combattus. Le malheureux homme fit plus : pour Baccio Valori, l'instrument des basses œuvres du pape, le meurtrier de son ami Battista della Palla, il consentit à sculpter l'*Apollon tirant une flèche de son carquois*. (3) Bientôt, il allait renier les bannis florentins. (4) Lamentable faiblesse d'un grand

---

(1) Lettre de Sébastien del Piombo à Michel-Ange. (29 avril 1531)
(2) Condivi. — Dès le 11 décembre 1530, la pension de Michel-Ange fut rétablie par le pape.
(3) Automne 1530. — La statue est au *Museo Nazionale* de Florence.
(4) En 1544.

homme, réduit à défendre par des lâchetés la vie de ses rêves artistiques contre la brutalité meurtrière de la force matérielle, qui pouvait à son gré l'étouffer ! Ce n'est pas sans raison qu'il devait consacrer toute la fin de sa vie à élever à l'apôtre Pierre un monument surhumain : plus d'une fois, comme lui, il dut pleurer, en entendant le coq chanter.

Obligé au mensonge, réduit à flatter un Valori, à célébrer un Laurent, duc d'Urbin, il éclatait de douleur et de honte. Il se jeta dans le travail, il y mit toute sa rage de néant. (I) Il ne sculpta point les Médicis, il sculpta les statues de son désespoir. Quand on lui faisait remarquer le manque de ressemblance de ses portraits de Julien et de Laurent de Médicis, il répondait superbement : « Qui le verra dans dix siècles ? » De l'un, il fit l'Action ; de l'autre, la Pensée ; et les statues du socle, qui les commentent, — *le Jour* et *la Nuit*, *l'Aurore* et *le Crépuscule,* — disent toutes la souffrance épuisante de vivre et le mépris de ce qui est. Ces immortels symboles de la douleur humaine furent

---

(I) Dans ces mêmes années, les plus sombres de sa vie, Michel-Ange, par une réaction sauvage de sa nature contre le pessimisme chrétien qui l'étouffait, exécuta des œuvres d'un paganisme audacieux, comme la *Léda caressée par le Cygne* (1529-1530), qui, peinte pour le duc de Ferrare, puis donnée par Michel-Ange à son élève Antonio Mini, fut portée par ce dernier en France, où elle fut détruite, dit-on, vers 1643, par Sublet des Noyers, pour sa lasciveté. Un peu plus tard, Michel-Ange peignit pour Bartolommeo Bettini un carton de *Vénus caressée par l'Amour,* dont Pontormo fit un tableau qui est aux Uffizi. D'autres dessins, d'une impudeur grandiose et sévère, sont probablement de la même époque. Charles Blanc décrit un d'eux, « où l'on voit les transports d'une femme violée, qui se débat robuste contre un ravisseur plus robuste, mais non sans exprimer un involontaire sentiment de bonheur et d'orgueil ».

terminés en 1531. (1) Suprême ironie! Personne ne les comprit. Un Giovanni Strozzi, voyant la formidable *Nuit*, faisait des *concetti :*

La *Nuit*, que tu vois si gracieusement dormir, fut sculptée par un Ange dans ce rocher; et, puisqu'elle dort, elle vit. Si tu ne le crois, éveille-la, et elle te parlera.

Michel-Ange répondit :

Le sommeil m'est cher. Il m'est plus cher encore d'être de pierre, tandis que le crime et la honte durent. Ne pas voir, ne pas entendre m'est grand bonheur : c'est pourquoi, ne m'éveille pas, ah ! parle bas !

> *Caro m' è 'l sonno et piu l'esser di sasso,*
> *Mentre che 'l danno et la vergogna dura.*
> *Non veder, non sentir m'è gran ventura;*
> *Pero non mi destar, deh ! parla basso.* (2)

On dort donc dans le ciel, s'écriait-il dans une autre poésie, puisqu'un seul s'approprie ce qui était le bien de tant d'hommes !

Et Florence asservie répond à ses gémissements · (3)

Ne soyez pas troublés dans vos saintes pensées. Celui qui croit vous avoir dépouillés de moi, ne jouit pas de son grand crime à cause de sa grand peur. Moindre joie est pour les amants la plénitude de la jouissance qui éteint le désir, que la misère, grosse d'espérance. (4)

---

(1) *La Nuit* fut sculptée probablement dans l'automne de 1530; elle était terminée au printemps de 1531; *l'Aurore*, en septembre 1531; *le Crépuscule* et *le Jour*, un peu après. — Voir Dr Ernst Steinmann : *Das Geheimnis der Medicigräber Michel Angelos*, 1907, Hiersemann, Leipzig.
(2) *Poésies*, CIX, 16, 17. — Frey les date de 1545.
(3) Michel-Ange imagine un dialogue entre Florence et les Florentins bannis.
(4) *Poésies*, CIX, 48. Voir aux *Annexes*, VII.

Il faut penser à ce que fut le sac de Rome et la chute de Florence pour les âmes d'alors : une faillite effroyable de la raison, un écroulement. Beaucoup ne s'en relevèrent plus.

Un Sébastien del Piombo tombe dans un scepticisme jouisseur :

> J'en suis venu à ce point que l'univers pourrait crouler, sans que je m'en soucie, et je me ris de toute chose... Il ne me semble pas que je sois encore le Bastiano que j'étais avant le sac, je ne puis revenir à moi. (1)

Michel-Ange pense à se tuer :

> Si jamais il est permis de se donner la mort, il serait bien juste que ce droit appartînt à qui, plein de foi, vit esclave et misérable. (2)

Il était dans une convulsion d'esprit. Il tomba malade en juin 1531. Clément VII s'efforçait en vain de l'apaiser. Il lui faisait dire par son secrétaire et par Sébastien del Piombo de ne pas se surmener, de garder la mesure, de travailler à son aise, de faire parfois une promenade,

---

(1) Lettre de Sébastien del Piombo à Michel-Ange (24 février 1531). C'était la première lettre qu'il lui écrivait après le sac de Rome :

« Dieu sait combien j'ai été heureux qu'après tant de misères, de peines et de dangers, le Seigneur tout-puissant nous ait laissés vivants et en bonne santé par sa miséricorde et sa pitié : chose vraiment miraculeuse, quand j'y pense... Maintenant, mon compère, que nous avons passé par l'eau et par le feu, et que nous avons éprouvé des choses inimaginables, remercions Dieu de toutes choses, et ce peu de vie qui nous reste, passons-le du moins dans le repos, autant que possible. Il faut compter bien peu sur ce que fera la Fortune, tant elle est méchante et douloureuse... »

On ouvrait leurs lettres. Sébastien recommande à Michel-Ange, suspect, de déguiser son écriture.

(2) *Poésies*, XXXVIII. Voir aux *Annexes*, VIII.

de ne pas se réduire à l'état d'homme de peine. (1) Dans l'automne de 1531, on craignit pour sa vie. Un de ses amis écrivait à Valori : « Michel-Ange est exténué et amaigri. J'en ai parlé dernièrement avec Bugiardini et Antonio Mini : nous étions d'accord qu'il n'a plus long-temps à vivre, si l'on ne s'en inquiète sérieusement. Il travaille trop, mange peu et mal, et dort encore moins. Depuis un an, il est rongé par des maux de tête et de cœur. » (2) — Clément VII s'en inquiéta en effet; le 21 novembre 1531, un bref du pape défendit à Michel-Ange, sous peine de l'excommunication, de travailler à autre chose qu'au tombeau de Jules II et à ceux des Médicis, (3) afin de ménager sa santé et « de pouvoir plus longtemps glorifier Rome, sa famille, et lui-même ».

Il le protégea contre les importunités des Valori et des riches mendiants, qui venaient, selon l'habitude, quémander des œuvres d'art et imposer à Michel-Ange des commandes nouvelles. « Quand on te demande un tableau, lui faisait-il écrire, tu dois t'attacher ton pinceau au pied, faire quatre traits, et dire : « Le tableau est fait. » (4) Il s'interposa entre Michel-Ange et les héritiers de Jules II, qui devenaient menaçants. (5) En 1532, un quatrième contrat fut signé entre les représentants du duc d'Urbin

---

(1) « ... *Non voria che ve fachinasti tanto...* » (Lettre de Pier Paolo Marzi à Michel-Ange, 20 juin 1531) — Cf. lettre de Sébastien del Piombo à Michel-Ange. (16 juin 1531)

(2) Lettre de Giovanni Battista di Paolo Mini à Valori. (29 septembre 1531)

(3) « ... *Ne aliquo modo laborare debeas, nisi in sepultura et opera nostra, quam tibi commisimus...* »

(4) Lettre de Benvenuto della Volpaja à Michel-Ange. (26 novembre 1531)

(5) « Si vous n'aviez le bouclier du pape, lui écrit Sébastien, ils sauteraient comme des serpents. » (*Saltariano come serpenti.*) (15 mars 1532)

et Michel-Ange, au sujet du tombeau : Michel-Ange promettait de faire un nouveau modèle du monument, très réduit, (1) de le terminer en trois ans, et de payer tous les frais, ainsi que 2.000 ducats, pour tout ce qu'il avait reçu déjà de Jules II et de ses héritiers. « Il suffit qu'on trouve dans l'œuvre, écrivait Sébastien del Piombo à Michel-Ange, un peu de votre odeur » *(un poco del vostro odore). (2)* — Tristes conditions, puisque c'était la faillite de son grand projet, que Michel-Ange signait là, et qu'il lui fallut encore payer pour cela ! Mais d'année en année, c'était en vérité la faillite de sa vie, la faillite de la Vie, que Michel-Ange signait dans chacune de ses œuvres désespérées.

Après le projet du monument de Jules II, le projet des tombeaux des Médicis s'écroula. Le 25 septembre 1534, Clément VII mourut. Michel-Ange, pour son bonheur, était alors absent de Florence. Depuis longtemps, il y vivait dans l'inquiétude ; car le duc Alexandre de Médicis le haïssait. Sans le respect qu'il avait pour le pape, (3) il l'eût fait tuer. Son inimitié s'était encore accrue, depuis que Michel-Ange avait refusé de contribuer à l'asservissement de Florence en élevant une forteresse pour dominer la ville : — trait de courage, qui montre assez, chez cet homme craintif, la grandeur

---

(1) Il ne s'agissait plus que de livrer pour le tombeau, qui devait être élevé à San Pietro in Vincoli, six statues commencées et non finies. (Sans doute, *Moïse, la Victoire, les Esclaves,* et les figures de la grotte Boboli)

(2) Lettre de Sébastien del Piombo à Michel-Ange. (6 avril 1532)

(3) Maintes fois, Clément VII dut prendre la défense de Michel-Ange contre son neveu, le duc Alexandre. Sébastien del Piombo raconte à Michel-Ange une scène de ce genre, où « le pape parla avec tant de véhémence, de fureur et de ressentiment, en termes si terribles, qu'il n'est pas permis de les écrire. » (16 août 1533)

99

de son amour pour sa patrie. — Depuis ce temps, Michel-Ange s'attendait à tout de la part du duc; et il ne dut son salut, quand Clément VII mourut, qu'au hasard qui fit qu'il se trouvait à ce moment hors de Florence. (1) Il n'y retourna plus. Il ne devait plus la revoir. — Ce fut fini de la chapelle des Médicis, elle ne fut jamais achevée. Ce que nous connaissons sous ce nom n'a qu'un lointain rapport avec ce que Michel-Ange avait rêvé. A peine s'il nous en reste le squelette de la décoration murale. Non seulement Michel-Ange n'avait pas exécuté la moitié des statues, (2) et les peintures qu'il projetait; (3) mais quand ses disciples s'efforcèrent plus tard de retrouver et de compléter sa pensée, il ne fut même plus capable de leur dire quelle elle avait été : (4) tel était son renoncement à toutes ses entreprises, qu'il avait tout oublié.

**
*

Le 23 septembre 1534, Michel-Ange revint à Rome, où il devait rester jusqu'à sa mort. (5) Il y avait vingt-et-un

---

(1) Condivi.

(2) Michel-Ange avait exécuté, partiellement, sept statues (les deux tombeaux de Laurent d'Urbin et de Julien de Nemours, et la Madone). Il n'avait pas commencé les quatres statues de Fleuves, qu'il voulait faire; et il abandonna à d'autres les figures pour les tombeaux de Laurent le Magnifique, et de Julien frère de Laurent.

(3) Vasari demanda à Michel-Ange, le 17 mars 1563, « de quelle façon il avait pensé aux peintures sur les murailles ».

(4) On ne sut même plus où placer les statues déjà faites, ni quelles statues il avait voulu faire pour les niches restées vides. En vain, Vasari et Ammanati, chargés par le duc Cosme I d'achever l'œuvre entreprise par Michel-Ange, s'adressèrent à lui : il ne se rappelait plus rien. « La mémoire et l'esprit m'ont devancé, écrivait-il en août 1557, pour m'attendre dans l'autre monde. »

(5) Michel-Ange reçut le droit de bourgeoisie romaine, le 20 mars 1546.

ans qu'il l'avait quittée. En ces vingt-et-un ans, il avait fait trois statues du monument inachevé de Jules II, sept statues inachevées du monument inachevé des Médicis, le vestibule inachevé de la *Laurenziana*, le *Christ* inachevé de Sainte-Marie de la Minerve, l'*Apollon* inachevé pour Baccio Valori. Il avait perdu sa santé, son énergie, sa foi dans l'art et dans la patrie. Il avait perdu le frère qu'il aimait le mieux. (1) Il avait perdu son père qu'il adorait. (2) A la mémoire de l'un et de l'autre il avait élevé un poème de douleur admirable, inachevé comme tout ce qu'il faisait, tout brûlant de la passion de mourir :

... Le ciel t'a arraché à notre misère. Aie pitié de moi, qui vis comme un mort!... Tu es mort à la mort, et tu es devenu divin; tu ne crains plus le changement d'être et de désir: (à peine puis-je l'écrire sans envie...) Le Destin et le Temps, qui nous apportent seulement la douteuse joie et le sûr malheur, n'osent passer votre seuil. Aucun nuage n'obscurcit votre lumière; la suite des heures ne vous fait pas violence, la nécessité et le hasard ne vous conduisent pas. La nuit n'éteint pas votre splendeur; le jour, si clair qu'il soit, ne la rehausse point... Par ta mort, j'apprends à mourir, mon cher père... La mort n'est pas, comme on le croit, le pire pour celui dont le dernier jour est le premier et le jour éternel, auprès du trône de Dieu. Là j'espère et je crois te revoir, par la grâce de Dieu, si ma raison arrache mon cœur glacé au terrestre limon, et si, comme toute vertu, grandit au ciel entre le père et le fils le très haut amour. (3)

Rien ne le retient donc plus sur terre : ni art, ni ambition, ni tendresse, ni espoir d'aucune sorte. Il a

____

(1) Buonarroto, mort de la peste, en 1528.
(2) En juin 1534.
(3) *Poésies*, LVIII. Voir aux *Annexes*, IX.

soixante ans, sa vie semble finie. Il est seul, il ne croit plus à ses œuvres; il a la nostalgie de la mort, le désir passionné d'échapper enfin « au changement d'être et de désir », à « la violence des heures », à la tyrannie « de la nécessité et du hasard ».

> Hélas ! Hélas ! je suis trahi par mes jours qui ont fui... J'ai trop attendu,... le temps m'a fui, et voici que je me trouve vieux. Je ne peux plus me repentir, ni me recueillir, avec la mort auprès de moi... Je pleure en vain : nul malheur n'est égal au temps qu'on a perdu...
>
> Hélas ! Hélas ! quand je tourne les yeux vers mon passé, je ne trouve pas un seul jour qui ait été à moi ! Les fausses espérances et le vain désir, — je le reconnais à présent, — m'ont tenu, pleurant, aimant, brûlant et soupirant, — (car pas une affection mortelle ne m'est inconnue), — loin de la vérité...
>
> Hélas ! Hélas ! je vais, et je ne sais pas où; et j'ai peur... Et si je ne me trompe, — (oh ! Dieu veuille que je me trompe !) — je vois, Seigneur, je vois le châtiment éternel, pour le mal que j'ai fait en connaissant le bien. Et je ne sais plus qu'espérer... (1)

---

(1) *Poésies*, XLIX. Voir aux *Annexes*, X.

Deuxième Partie

L'ABDICATION

I

AMOUR

I' me la morte, in te la vita mia. (1)

Alors, dans ce cœur dévasté, après que le renoncement fut accompli à tout ce qui le faisait vivre, une vie nouvelle se leva, un printemps refleurit, l'amour brûla d'une flamme plus claire. Mais cet amour n'avait presque plus rien d'égoïste et de sensuel. Ce fut l'adoration mystique de la beauté d'un Cavalieri. Ce fut la religieuse amitié de Vittoria Colonna, — communion passionnée de deux âmes en Dieu. Ce fut enfin la tendresse paternelle pour ses neveux orphelins, la pitié pour les pauvres et pour les faibles, la sainte charité.

L'amour de Michel-Ange pour Tommaso dei Cavalieri est bien fait pour déconcerter la moyenne des esprits, — honnêtes ou malhonnêtes. — Même dans l'Italie de la fin de la Renaissance, il risquait de provoquer des interprétations fâcheuses; l'Arétin y faisait des allu-

---

(1) *Poésies,* LIX.

sions outrageantes. (1) Mais les injures des Arétins —
(il y en a toujours) — ne peuvent atteindre un
Michel-Ange. « Ils se font dans leur cœur un Michelagniolo de l'étoffe dont leur propre cœur est fait. » (2)

Nulle âme ne fut plus pure que Michel-Ange. Nulle
n'eut de l'amour une conception plus religieuse.

J'ai souvent entendu,

disait Condivi,

Michel-Ange parler
de l'amour; et ceux qui étaient présents disaient qu'il n'en
parlait pas autrement que Platon. Pour ma part, je ne sais
pas ce que Platon en a dit; mais je sais bien qu'après avoir
eu si longtemps et si intimement commerce avec lui, je n'ai
jamais entendu sortir de sa bouche que les propos les plus
honorables, qui avaient la force d'éteindre chez les jeunes
gens les désirs déréglés qui les agitent.

Mais cet idéalisme platonicien n'avait rien de littéraire
et de froid : il s'unissait à une frénésie de la pensée, qui
faisait de Michel-Ange la proie de tout ce qu'il voyait
de beau. Il le savait lui-même, et disait, un jour qu'il
refusait une invitation de son ami Giannotti :

Quand je vois un homme qui possède quelque talent ou
quelque don de l'esprit, un homme qui s'entend à faire ou
à dire quelque chose mieux que le reste du monde, je suis
contraint de m'éprendre de lui, et alors je me donne si
complètement à lui, que je ne m'appartiens plus à moi-
même... Vous êtes tous si bien doués, que si j'acceptais
votre invitation, je perdrais ma liberté; chacun de vous me

---

(1) Le petit-neveu de Michel-Ange, dans sa première édition des
Rime, en 1623, n'osa pas publier exactement les poésies à Tommaso
dei Cavalieri. Il laissait croire qu'elles étaient adressées à une
femme. Jusqu'aux récents travaux de Scheffler et Symmonds, Cavalieri passait pour un nom supposé, qui cachait Vittoria Colonna.

(2) Lettre de Michel-Ange à un personnage inconnu (octobre
1542). *Lettres*, édition Milanesi, CDXXXV.

volerait un morceau de moi-même. Jusqu'au danseur et au joueur de luth, s'ils étaient éminents dans leur art, qui feraient de moi ce qu'ils voudraient! Au lieu d'être reposé, fortifié, rasséréné par votre société, j'aurais l'âme déchirée et dispersée à tous les vents; si bien que je ne saurais plus, pendant bien des jours ensuite, dans quel monde je me meus. (1)

S'il était ainsi conquis par la beauté des pensées, des paroles, ou des sons, combien devait-il l'être davantage encore par la beauté du corps!

La forza d'un bel viso a che mi sprona!
C' altro non è c' al mondo mi dilecti... (2)

La force d'un beau visage, quel éperon c'est pour moi! Rien au monde ne m'est une telle joie.

Pour ce grand créateur de formes admirables, qui était en même temps un grand croyant, un beau corps était divin, — un beau corps était Dieu même apparaissant sous le voile de la chair. Comme Moïse devant le Buisson ardent, il n'en approchait qu'en tremblant. L'objet de son adoration était vraiment pour lui une *Idole*, comme il disait. Il se prosternait à ses pieds; et cette humiliation volontaire du grand homme, qui était pénible au noble Cavalieri lui-même, était d'autant plus étrange que souvent l'idole au beau visage avait une âme vulgaire et méprisable, comme Febo di Poggio. Mais Michel-Ange n'en voyait rien... N'en voyait-il rien vraiment? — Il n'en voulait rien voir; il achevait en son cœur la statue ébauchée.

Le plus ancien de ces amants idéaux, de ces rêves

---

(1) Donato Giannotti : *Dialogi*, 1545.
(2) *Poésies*, CXXXXI.

vivants, fut Gherardo Perini, vers 1522. (1) Michel-Ange
s'éprit plus tard de Febo di Poggio, en 1533, et de
Cecchino dei Bracci, en 1544. (2) Son amitié pour Cavalieri ne fut donc pas exclusive et unique ; mais elle fut
durable, et elle atteignit à un degré d'exaltation, que
légitimait dans une certaine mesure non seulement la
beauté, mais la noblesse morale de l'ami.

---

(1) Gherardo Perini fut spécialement visé par les attaques de
l'Arétin. Frey a publié de lui quelques lettres très tendres, de
1522 : *« ... che avendo di voi lettera, mi paia chon esso voi essere, che
altro desiderio non o. »* (« ... Quand j'ai une lettre de vous, il me
semble être avec vous : ce qui est mon désir unique. ») Il signe :
« vostro come figliuolo. » (« Votre comme un fils. ») — Une belle
poésie de Michel-Ange sur la douleur de l'absence et de l'oubli
semble lui être adressée :

« Tout près d'ici, mon amour m'a ravi le cœur et la vie. Ici, ses
beaux yeux m'ont promis leur aide, et puis me l'ont retirée. Ici il
m'a lié, ici il m'a délié. Ici, j'ai pleuré, et, avec un deuil infini, j'ai
vu de cette pierre partir celui qui m'a pris à moi-même, et qui n'a
plus voulu de moi. »

Voir aux *Annexes*, XII. — *Poésies*, XXXV.

(2) Henry Thode, qui, dans son ouvrage sur *Michel-angelo und
das Ende der Renaissance*, ne résiste pas au désir de construire
son héros de la façon la plus belle, fût-ce parfois aux dépens
de la vérité, place après l'amitié pour Gherardo Perini, l'amitié
pour Febo di Poggio, de façon à s'élever, par degrés, jusqu'à l'amitié pour Tommaso dei Cavalieri, parce qu'il ne peut
admettre que Michel-Ange soit redescendu de l'amour le plus parfait
à l'affection d'un Febo. Mais, en réalité, Michel-Ange était déjà
en relations depuis plus d'un an avec Cavalieri, quand il s'éprit de
Febo et quand il lui écrivit les humbles lettres (de décembre 1533
d'après Thode, ou de septembre 1534 d'après Frey) et les poésies
absurdes et délirantes, où il joue sur les noms de *Febo* et de
Poggio (Frey, CIII, CIV) : — lettres et poésies auxquelles le petit
drôle répondait par des demandes d'argent. (Voir Frey, édition des
Poésies de Michel-Ange, page 526) — Quant à Cecchino dei Bracci,
l'ami de son ami Luigi del Riccio, Michel-Ange ne le connut que
plus de dix ans après Cavalieri. Cecchino était fils d'un banni florentin, et mourut prématurément à Rome en 1544. Michel-Ange
écrivit en mémoire de lui *quarante-huit* épigrammes funéraires,
d'un idéalisme idolâtre, si l'on peut dire, et dont quelques-unes sont
d'une sublime beauté. Ce sont peut-être les poésies les plus sombres que Michel-Ange ait jamais écrites. — (Voir aux *Annexes*, XIII)

Par dessus tous les autres, sans comparaison, il aima

dit Vasari,

Tommaso dei Cavalieri, gentilhomme romain, jeune et passionné pour l'art; il fit sur un carton son portrait, grandeur nature, — le seul portrait qu'il ait dessiné ; car il avait horreur de copier une personne vivante, à moins qu'elle ne fût d'une incomparable beauté.

Varchi ajoute :

Quand je vis à Rome messer Tommaso Cavalieri, il avait non seulement une incomparable beauté, mais tant de grâce de manières, un esprit si distingué et une si noble conduite, qu'il méritait bien d'être aimé, d'autant plus qu'on le connaissait davantage. (1)

Michel-Ange le rencontra à Rome, dans l'automne de 1532. La première lettre, par laquelle Cavalieri répondit aux déclarations enflammées de Michel-Ange, est pleine de dignité :

J'ai reçu une lettre de vous, qui m'a été d'autant plus chère qu'elle m'était inattendue; je dis : inattendue, parce que je ne me juge pas digne qu'un homme tel que vous m'écrive. Quant à ce qu'on vous a dit à ma louange, et quant à ces travaux de moi, pour lesquels vous m'assurez avoir ressenti une sympathie non petite, je vous réponds qu'ils n'étaient pas de nature à donner occasion à un homme d'un génie comme le vôtre, et tel qu'il n'en existe pas, — je ne dis pas un pareil, mais un second sur terre, — d'écrire à un jeune homme qui débute à peine et qui est si ignorant. Je ne puis croire pourtant que vous mentiez. Je crois, oui, je suis certain que l'affection que vous me portez n'a d'autre cause que l'amour qu'un homme comme vous, qui est la personnification de l'art, doit nécessairement avoir pour ceux qui se consacrent

----

(1) Benedetto Varchi : *Due lezzioni.* 1549.

à l'art et qui l'aiment. Je suis de ceux-là, et, pour ce qui est d'aimer l'art, je ne le cède à personne. Je vous rends bien votre affection, je vous le promets : jamais je n'ai aimé un homme plus que vous, jamais je n'ai désiré une amitié plus que la vôtre... Je vous prie de vous servir de moi, à l'occasion, et je me recommande éternellement à vous.

Votre tout dévoué, Thomao Cavaliere. (1)

Cavalieri semble avoir toujours gardé ce ton d'affection respectueuse et réservée. Il resta fidèle à Michel-Ange jusqu'à sa dernière heure, à laquelle il assista. Il conserva sa confiance; il était le seul qui passât pour avoir de l'influence sur lui, et il eut le rare mérite d'en user toujours pour le bien et la grandeur de son ami. Ce fut lui qui décida Michel-Ange à terminer le modèle en bois de la coupole de Saint-Pierre. Ce fut lui qui nous conserva les plans de Michel-Ange pour la construction du Capitole, et qui travailla à les réaliser. Ce fut lui enfin, qui, après la mort de Michel-Ange, veilla à l'exécution de ses volontés.

Mais l'amitié de Michel-Ange pour lui était comme une folie d'amour. Il lui écrivait des lettres délirantes. Il s'adressait à son idole, le front dans la poussière. (2) Il l'appelle « un puissant génie,... un miracle,... la lumière de notre siècle »; il le supplie « de ne pas le mépriser, parce qu'il ne peut se comparer à lui, à qui personne

---

(1) Lettre de Tommaso dei Cavalieri à Michel-Ange (premier janvier 1533).

(2) Voir surtout la réponse que fit Michel-Ange à la première lettre de Cavalieri, le jour même où il la reçut (premier janvier 1533). On a de cette lettre trois brouillons fiévreux. Dans un post-scriptum à un de ces brouillons, Michel-Ange écrit : « Il serait bien permis de donner le nom des choses dont un homme fait présent à celui qui les reçoit; mais par égard aux convenances, cela n'arrive pas dans cette lettre. » — Il est clair qu'il s'agit du mot : amour.

110

n'est égal ». Il lui fait don de tout son présent, de tout son avenir ; et il ajoute :

> Ce m'est une douleur infinie de ne pouvoir vous donner aussi mon passé, pour pouvoir vous servir plus longtemps ; car l'avenir sera court : je suis trop vieux... (1) Je ne crois pas que rien puisse détruire notre amitié, bien que je parle d'une façon très présomptueuse ; car je suis infiniment au-dessous de vous. (2) ... Je pourrais aussi bien oublier votre nom que la nourriture dont je vis ; oui, je pourrais plutôt oublier la nourriture dont je vis, et qui soutient seulement le corps, sans plaisir, que votre nom qui nourrit le corps et l'âme, et les remplit d'une telle douceur, qu'aussi longtemps que je pense à vous, je ne sens ni souffrance, ni crainte de la mort. (3) — Mon âme est dans les mains de celui à qui je l'ai donnée... (4) Si je devais cesser de penser à lui, je crois que je tomberais mort sur-le-champ. (5)

Il fit à Cavalieri de superbes présents :

> D'étonnants dessins, des têtes merveilleuses au crayon rouge et noir, qu'il avait faits dans l'intention de lui apprendre à dessiner. Puis, il dessina pour lui un Ganymède porté au ciel par l'aigle de Zeus, un Tityos avec le vautour se nourrissant de son cœur, la Chute de Phaéton dans le Pô, avec le char du Soleil et une Bacchanale d'enfants : toutes œuvres de la plus rare beauté et d'une perfection inimaginable. (6)

Il lui envoyait aussi des sonnets, admirables parfois, souvent obscurs, dont certains furent bientôt récités

---

(1) Lettre de Michel-Ange à Cavalieri (premier janvier 1533).
(2) Brouillon d'une lettre de Michel-Ange à Cavalieri (28 juillet 1533).
(3) Lettre de Michel-Ange à Cavalieri (28 juillet 1533).
(4) Lettre de Michel-Ange à Bartolommeo Angiolini.
(5) Lettre de Michel-Ange à Sébastien del Piombo.
(6) Vasari.

dans les cercles littéraires et connus de toute l'Italie. (1)
On a dit du sonnet suivant qu'il était « la plus belle
poésie lyrique de l'Italie, au seizième siècle » : (2)

Avec vos beaux yeux je vois une douce lumière, que je
ne peux plus voir avec mes yeux aveugles. Vos pieds
m'aident à porter un fardeau, que mes pieds perclus ne
peuvent plus soutenir. Par votre esprit, au ciel je me sens
élevé. En votre volonté est toute ma volonté. Mes pensées
se forment dans votre cœur, et mes paroles dans votre
souffle. Abandonné à moi-même, je suis comme la lune, que
l on ne peut voir au ciel qu'autant que le soleil l'éclaire. (3),

Plus célèbre encore est cet autre sonnet, un des plus
beaux chants qu'on ait jamais écrits en l'honneur de
l'amitié parfaite :

Si un chaste amour, si une piété supérieure, si une fortune égale existe entre deux amants, si le sort cruel qui
frappe l'un frappe aussi l'autre, si un seul esprit, si une
seule volonté gouverne deux cœurs, si une âme en deux
corps s'est faite éternelle, emportant tous les deux au ciel
avec les mêmes ailes, si l'amour d'un seul coup, de sa flèche
dorée, perce et brûle les entrailles de tous deux à la fois, si

---

(1) Varchi en commenta deux en public, et il les publia dans ses
Due Lezzioni. — Michel-Ange ne faisait pas mystère de son amour.
Il en parlait à Bartolommeo Angiolini, à Sébastien del Piombo.
De telles amitiés ne surprenaient personne. Quand mourut
Cecchino del Bracci, Riccio cria son amour et son désespoir à
tous : « Ah ! mon ami Donato ! Notre Cecchino est mort. Tout
Rome pleure, Michel-Ange fait pour moi le dessin d'un monument. Écrivez-moi, je vous prie, l'épitaphe, et envoyez-moi une
lettre consolante : mon chagrin m'a perdu l'esprit. Patience ! Je
vis avec mille et mille morts en chaque heure. O Dieu ! Comme la
Fortune a changé d'aspect ! » (Lettre à Donato Giannotti. Janvier
1544) — « Dans mon sein, je portais mille âmes d'amants », fait
dire Michel-Ange à Cecchino dans une de ses épigrammes funéraires. (*Poésies*, édition Frey, LXXIII, 12)
(2) Scheffler.
(3) *Poésies*, CIX, 19. Voir aux *Annexes*, XIV.

l'un aime l'autre, et si aucun ne s'aime soi-même, s'ils mettent tous les deux leur plaisir et leur joie à aspirer à la même fin tous deux, si mille et mille amours ne seraient pas la centième partie de l'amour, de la foi qui les lie, un mouvement de dépit pourra-t-il rompre jamais et dénouer un tel lien ? (1)

Cet oubli de soi, ce don ardent de tout son être qui se fond dans l'être aimé, n'eut pas toujours cette sérénité. La tristesse reprenait le dessus; et l'âme, possédée par l'amour, se débattait en gémissant.

Je pleure, je brûle, je me consume, et mon cœur se nourrit de sa peine...

> *I' piango, i' ardo, i' mi consumo, e 'l core*
> *Di questo si nutriscie...* (2)

Toi qui m'as pris la joie de vivre,

dit-il ailleurs à Cavalieri. (3)

A ces poésies trop passionnées, « le doux seigneur aimé », (4) Cavalieri, opposait sa froideur affectueuse et tranquille. (5) L'exagération de cette amitié le choquait, en secret. Michel-Ange s'en excusait :

Mon cher seigneur, ne t'irrite pas de mon amour, qui s'adresse seulement à ce qu'il y a de meilleur en toi; (6) car

---

(1) *Poésies,* XLIV. — Voir aux *Annexes,* XV.

(2) *Poésies,* LII. — Voir aussi, LXXVI. A la fin du sonnet, Michel-Ange joue sur le nom de Cavalieri :
> *Resto prigion d'un Cavalier armato.*
> (Je suis prisonnier d'un cavalier armé.)

(3)   *Onde al mio viver lieto, che m'ha tolto...*
(Poésies, CIX, 18)

(4)   *Il desiato mie dolce signiore...*
(Ibid., L)

(5)   *Un freddo aspetto...*
(Ibid., CIX, 18)

(6) Le texte exact dit : « Ce que toi-même tu aimes le mieux en toi. »

l'esprit de l'un doit s'éprendre de l'esprit de l'autre. Ce que je désire, ce que j'apprends dans ton beau visage, ne peut être compris des hommes ordinaires. Qui veut le comprendre doit d'abord mourir. (1)

Et certes, cette passion de la beauté n'avait rien que d'honnête. (2) Mais le sphinx de cet amour ardent et trouble, (3) et chaste malgré tout, ne laissait point d'être inquiétant et halluciné.

A ces amitiés morbides, — effort désespéré pour nier le néant de sa vie et pour créer l'amour dont il était affamé, — succéda par bonheur l'affection sereine d'une femme, qui sut comprendre ce vieil enfant, seul, perdu dans le monde, et fit rentrer dans son âme meurtrie un peu de paix, de confiance, de raison, et l'acceptation mélancolique de la vie et de la mort.

*
* *

C'était en 1533 et 1534, (4) que l'amitié de Michel-Ange pour Cavalieri avait atteint son paroxysme. En 1535, il commença à connaître Vittoria Colonna.

Elle était née en 1492. Son père était Fabrizio Colonna, seigneur de Paliano, prince de Tagliacozzo. Sa mère, Agnès de Montefeltro, était fille du grand Federigo,

---

(1) Voir aux *Annexes*, XVI.

(2) *Il foco onesto, che m'arde...* (*Poésies*, L)
La casta voglia, che 'l cor dentro infiamma... (*Ibid.*, XLIII)

(3) Dans un sonnet, Michel-Ange voudrait que sa peau pût servir à vêtir celui qu'il aime. Il voudrait être les souliers, qui portent ses pieds de neige. — (Voir aux *Annexes*, XVII)

(4) Surtout entre juin et octobre 1533, où Michel-Ange, revenu à Florence, était éloigné de Cavalieri.

prince d'Urbin. Sa race était une des plus nobles d'Italie, une de celles où s'était le mieux incarné le lumineux esprit de la Renaissance. A dix-sept ans, elle épousa le marquis de Pescara, Ferrante Francesco d'Avalos, grand général, — le vainqueur de Pavie. — Elle l'aima ; il ne l'aima point. Elle n'était pas belle. (1) Les médailles qu'on connaît d'elle montrent une figure virile, volontaire, et un peu dure : haut front, nez long et droit, lèvre supérieure courte et morose, lèvre inférieure légèrement avançante, bouche serrée, menton accusé. (2)

---

(1) Les beaux portraits où l'on a prétendu la reconnaître n'ont aucune authenticité. — Tel, le dessin fameux des Uffizi, où Michel-Ange a représenté une jeune femme casquée. Tout au plus, a-t-il pu subir, en le faisant, l'influence inconsciente du souvenir de Vittoria, idéalisée et rajeunie ; car la figure des Uffizi a les traits réguliers de Vittoria et son expression sévère. L'œil est préoccupé, grand, et le regard dur. Le cou est nu, les seins découverts. L'expression est d'une violence froide et concentrée.

(2) Ainsi la représente une médaille anonyme, reproduite dans le *Carteggio di Vittoria Colonna* (publié par Ermanno Ferrero et Giuseppe Müller). Telle Michel-Ange la vit, sans doute. Ses cheveux sont cachés par une grande coiffe rayée ; elle porte une robe sévèrement fermée, avec une échancrure au cou.

Une autre médaille anonyme la montre jeune et idéalisée. (Reproduite dans Müntz : *Histoire de l'Art pendant la Renaissance*, III, 248, et dans *l'Œuvre et la Vie de Michel-Ange*, publiée par la *Gazette des Beaux-Arts*.) Elle a les cheveux relevés et noués par un ruban au-dessus du front ; une boucle tombe sur la joue, de fines nattes sur la nuque. Le front est haut et droit ; l'œil regarde avec une attention un peu lourde ; le nez long et régulier a la narine grosse ; les joues sont pleines, l'oreille large et bien faite ; le menton droit et fort est levé ; le cou nu, un léger voile autour ; les seins nus. L'air est indifférent et boudeur.

Ces deux médailles, faites à deux âges de la vie présentent comme traits communs, le froncement de la narine et de la lèvre supérieure, un peu maussade ; et la bouche petite, silencieuse, méprisante. L'ensemble de la figure dénote un calme sans illusions, sans joie.

Frey a cru, d'une façon un peu hasardeuse, retrouver l'image de Vittoria dans un étrange dessin de Michel-Ange, au revers d'un

Filonico Alicarnasseo, qui la connut et écrivit sa vie,
laisse entendre, malgré tous les égards d'expressions
dont il use, qu'elle était laide : « Quand elle fut mariée
au marquis de Pescara, dit-il, elle s'appliqua à déve-
lopper les dons de son esprit; car, comme elle ne possé
dait pas grande beauté, elle s'instruisit dans les lettres,
pour s'assurer l'immortelle beauté qui ne passe pas,
comme l'autre. » — Elle était passionnément intel-
lectuelle. Dans un sonnet, elle dit elle-même que
« les sens grossiers, impuissants à former l'harmonie
qui produit le pur amour des nobles âmes, n'éveil-
lèrent jamais en elle plaisir ni souffrance... Claire
flamme, ajoute-t-elle, éleva mon cœur si haut, que de
basses pensées l'offensent ». — En rien, elle n'était faite
pour être aimée du brillant et sensuel Pescara; mais,
comme le veut la déraison de l'amour, elle était faite
pour l'aimer et pour en souffrir.

Elle souffrit cruellement, en effet, des infidélités de
son mari, qui la trompait dans sa propre maison, au su
et au vu de tout Naples. Cependant, quand il mourut,
en 1525, elle ne s'en consola point. Elle se réfugia dans
la religion et dans la poésie. Elle mena une vie claus-

---

sonnet : — beau et triste dessin, que Michel-Ange n'eût, en ce cas,
voulu laisser voir à personne. — Elle est âgée, nue jusqu'à mi-corps,
les mamelles vides et pendantes; la tête n'a point vieilli, elle est
droite, pensive et fière; un collier entoure le cou long et fin; les
cheveux, relevés, sont enfermés dans un bonnet, attaché sous le
menton, et qui cache les oreilles et fait casque. En face d'elle, une
tête de vieillard, qui ressemble à Michel-Ange, la regarde, — pour
la dernière fois. — Elle venait de mourir, quand il fit ce dessin.
Le sonnet qui l'accompagne est la belle poésie sur la mort de Vittoria : *« Quand' el ministro de sospir mie tanti... »* — Frey a repro-
duit le dessin dans son édition des *Poésies de Michel-Ange,*
page 385.

trale à Rome, puis à Naples, (1) sans renoncer d'abord
aux pensées du monde : elle ne cherchait la solitude,
que pour pouvoir s'absorber dans le souvenir de son
amour, qu'elle chanta dans ses vers. Elle était en relations avec tous les grands écrivains d'Italie, avec Sadolet, Bembo, Castiglione, qui lui confia le manuscrit
de son *Cortegiano*, avec l'Arioste, qui la célébra
dans son *Orlando*, avec Paul Jove, Bernardo Tasso,
Lodovico Dolce. Depuis 1530, ses sonnets se répandirent dans toute l'Italie et lui conquirent une
gloire unique, entre les femmes de son temps. Retirée à
Ischia, elle chantait, sans se lasser, son amour trans-
figuré, dans la solitude de la belle île, au milieu de la
mer harmonieuse.

Mais à partir de 1534, la religion la prit tout entière.
L'esprit de réforme catholique, le libre esprit religieux
qui tendait alors à régénérer l'Église, en évitant le
schisme, s'empara d'elle. On ne sait si elle connut
à Naples Juan de Valdès ; (2) mais elle fut bouleversée
par les prédications de Bernardino Ochino de Sienne ; (3)

---

(1) Elle avait alors pour conseiller spirituel Matteo Giberti,
évêque de Vérone, qui fut un des premiers à tenter la rénovation
de l'Église catholique. Le secrétaire de Giberti était le poète Francesco Berni.

(2) Juan de Valdès, fils d'un secrétaire intime de Charles-Quint, et
établi à Naples en 1534, y fut le chef du mouvement réformateur.
Nobles et grandes dames se groupèrent autour de lui. Il publia de
nombreux écrits, dont les principaux furent les *Cento e dieci divine
considerazioni* (Bâle 1550), et un *Aviso sobre los interpretes de la
Sagrada Escritura*. Il croyait à la justification seulement par la foi,
et subordonnait l'instruction par l'Écriture à l'illumination par le
Saint-Esprit. Il mourut en 1541. On dit qu'il eut à Naples plus de
trois mille adhérents.

(3) Bernardino Ochino, grand prédicateur, et vicaire général des
capucins, en 1539, devint l'ami de Valdès, qui subit son influence ;
malgré les dénonciations, il continua ses prêches audacieux à

elle fut l'amie de Pietro Carnesecchi, (1) de Giberti,
de Sadolet, du noble Reginald Pole, et du plus grand
de ces prélats réformateurs, qui constituèrent en 1536
le *Collegium de emendandâ Ecclesiâ* : le cardinal
Gaspare Contarini, (2) qui s'efforça en vain d'établir
l'unité avec les protestants, à la diète de Ratisbonne,
et qui osait écrire ces fortes paroles : (3)

La loi du Christ est une loi de liberté... On ne peut appeler
gouvernement ce dont la règle est la volonté d'un homme,
enclin par nature au mal et poussé par d'innombrables
passions. Non ! Toute souveraineté est une souveraineté de
la raison. Elle a pour objet de conduire par les justes voies
tous ceux qui lui sont soumis à leur juste but : le bonheur.
L'autorité du pape est, elle aussi, une autorité de la raison.
Un pape doit savoir que c'est sur des hommes libres qu'il
exerce cette autorité. Il ne doit pas, à son gré, commander,
ou défendre, ou dispenser, mais seulement d'après les
règles de la raison, des divins Commandements, et de

Naples, à Rome, à Venise, soutenu par le peuple contre les
interdictions de l'Eglise, jusqu'en 1542, où sur le point d'être
frappé comme luthérien, il s'enfuit de Florence à Ferrare, et
de là à Genève, où il passa au protestantisme. Il était ami intime
de Vittoria Colonna ; et, sur le point de quitter l'Italie, il lui annonça
sa résolution dans une lettre confidentielle.

(1) Pietro Carnesecchi de Florence, protonotaire de Clément VII,
ami et disciple de Valdès, fut une première fois cité devant l'Inquisition en 1546, et brûlé à Rome en 1567. Il était resté en relations
avec Vittoria Colonna, jusqu'à la mort de celle-ci.

(2) Gaspare Contarini, d'une grande famille vénitienne, fut d'abord
ambassadeur de Venise auprès de Charles-Quint, aux Pays-Bas, èn
Allemagne et en Espagne, puis auprès de Clément VII, de 1528
à 1530. Il fut nommé cardinal par Paul III, en 1535, et légat en 1541
à la diète de Ratisbonne. Il ne réussit pas à s'entendre avec les
protestants, et se rendit suspect aux catholiques. Il revint, découragé, et mourut à Bologne, en août 1542. Il avait composé de nombreux écrits : *De immortalitate animae,* — *Compendium primae philosophiae,* et un traité *de la Justification,* où il était très près des
idées protestantes sur la grâce.

(3) Citées par Henri Thode.

l'Amour : — une règle qui ramène tout à Dieu et au bien commun.

Vittoria fut une des âmes les plus exaltées de ce petit groupe idéaliste, où s'unissaient les plus pures consciences de l'Italie. Elle correspondit avec Renée de Ferrare et avec Marguerite de Navarre ; et Pier Paolo Vergerio, plus tard protestant, l'appelait « une des lumières de la vérité ». — Mais lorsque commença le mouvement de contre-réforme, dirigé par l'impitoyable Caraffa, (1) elle tomba dans un doute mortel. Elle était, comme Michel-Ange, une âme passionnée, mais faible : elle avait besoin de croire, elle était incapable de résister à l'autorité de l'Église. « Elle se faisait souffrir avec des jeûnes, des haires, tant qu'elle n'avait plus que la peau sur les os. » (2) Son ami, le cardinal Pole, (3) lui rendit la paix, en l'obligeant à se soumettre, à humilier l'orgueil de son intelligence, à s'oublier en Dieu. Elle le fit

---

(1) Giampietro Caraffa, évêque de Chieti, fonda en 1524 l'ordre des Théatins, et, à partir de 1528, commença à Venise l'œuvre de contre-réforme, qu'il devait poursuivre avec une implacable rigueur, comme cardinal, puis comme pape, sous le nom de Paul IV, depuis 1555. — En 1540, fut autorisé l'ordre des Jésuites ; en juillet 1542, le tribunal de l'Inquisition fut institué en Italie, avec pleins pouvoirs contre les hérétiques ; et en 1545, s'ouvrit le concile de Trente. C'était la fin du libre catholicisme, rêvé par les Contarini, les Giberti et les Pole.

(2) Déposition de Carnescchi devant l'Inquisition, en 1566.

(3) Reginald Pole, de la maison d'York, avait dû fuir l'Angleterre, où il était entré en conflit avec Henry VIII ; il passa à Venise en 1532, y devint l'ami enthousiaste de Contarini, fut fait cardinal par Paul III, et légat du patrimoine de Saint-Pierre. D'un grand charme personnel et d'un esprit conciliant, il se soumit à la contre-réforme, et ramena à l'obéissance beaucoup des libres esprits du groupe de Contarini, qui étaient prêts à passer au protestantisme. Vittoria Colonna se mit entièrement sous sa direction, à Viterbe, de 1541 à 1544. — En 1554, Pole retourna comme légat en Angleterre, où il devint archevêque de Canterbury, et mourut en 1558.

avec une ivresse du sacrifice... Si elle n'avait sacrifié
qu'elle! Mais elle sacrifiait ses amis avec elle, elle
reniait Ochino, dont elle livrait les écrits à l'Inquisition
de Rome; comme Michel-Ange, cette grande âme était
brisée par la peur. Elle noyait ses remords dans un
mysticisme désespéré :

Vous avez vu le chaos d'ignorance où j'étais, et le laby-
rinthe d'erreurs où j'allais, le corps perpétuellement en
mouvement pour trouver le repos, l'âme toujours agitée
pour trouver la paix. Dieu a voulu qu'il me fût dit : *Fiat
lux!* et qu'il me fût montré que je n'étais rien, et que tout
était en Christ. (1)

Elle appelait la mort, comme une délivrance. — Elle
mourut, le 25 février 1547.

*
* *

Ce fut à l'époque où elle était le plus pénétrée
du libre mysticisme de Valdès et d'Ochino qu'elle fit
la connaissance de Michel-Ange. Cette femme, triste
et tourmentée, qui avait toujours besoin d'un guide
sur qui s'appuyer, n'avait pas moins besoin d'un être
plus faible et plus malheureux qu'elle, pour dépenser
sur lui tout l'amour maternel dont son cœur était
plein. Elle s'appliqua à cacher son trouble à Michel-
Ange. Sereine en apparence, réservée, un peu froide,
elle lui transmit la paix qu'elle demandait à d'autres.
Leur amitié, ébauchée vers 1535, fut intime à partir de

---

(1) Lettre de Vittoria Colonna au cardinal Morone (22 décembre
1543). — Voir sur Vittoria Colonna l'ouvrage d'Alfred de Reumont,
et le second volume du *Michelangelo* de Thode.

l'automne de 1538, et toute construite en Dieu. Vittoria avait quarante-six ans : il en avait soixante-trois. Elle habitait à Rome, au cloître de San-Silvestro in Capite, au-dessous de Monte Pincio. Michel-Ange habitait près de Monte Cavallo. Ils se réunissaient le dimanche dans l'église San-Silvestro au Monte Cavallo. Le frère Ambrógio Caterino Politi leur lisait les épîtres de saint Paul, qu'ils discutaient ensemble. Le peintre portugais François de Hollande nous a conservé le souvenir de ces entretiens dans ses quatre *Dialogues sur la Peinture*. (1) Ils sont le vivant tableau de cette amitié grave et tendre.

La première fois que François de Hollande alla à l'église San-Silvestro, il y trouva la marquise de Pescara, avec quelques amis, écoutant la lecture pieuse. Michel-Ange n'était point là. Quand l'Épître fut finie, l'aimable femme dit, en souriant, à l'étranger :

— François de Hollande aurait entendu plus volontiers, sans doute, un discours de Michel-Ange que cette prédication.

A quoi François, sottement blessé, répondit :

— Quoi, madame, semble-t-il donc à Votre Excellence que je n'aie de sens pour rien autre et que je ne sois bon qu'à peindre ?

— Ne soyez pas si susceptible, messer Francesco, — dit Lattanzio Tolomei, — la marquise est justement convaincue qu'un peintre est bon à tout. Tant nous estimons la peinture, nous autres Italiens ! Mais peut-être

---

(1) Francisco de Hollanda : *Quatre entretiens sur la peinture*, tenus à Rome en 1538-1539, — composés en 1548, — et publiés par Joachim de Vasconcellos. — Traduction française dans *les Arts en Portugal*, par le comte A. Raczynski, 1846. Paris, Renouard.

a-t-elle dit cela pour ajouter au plaisir que vous avez eu celui d'entendre Michel-Ange.

François se confond alors en excuses, et la marquise dit à un de ses serviteurs :

— Va chez Michel-Ange, et dis-lui que moi et messer Lattanzio nous sommes restés, après la fin du service religieux, dans cette chapelle où il fait une agréable fraîcheur ; s'il veut bien perdre un peu de son temps, ce sera grand profit pour nous... Mais, — ajouta-t-elle, connaissant la sauvagerie de Michel-Ange, — ne lui dis pas que François de Hollande, l'Espagnol, est ici.

En attendant le retour de l'envoyé, ils restent à causer, cherchant par quel moyen ils amèneront Michel-Ange à parler de peinture, sans qu'il s'aperçoive de leur intention ; car s'il la remarquait, il se refuserait aussitôt à poursuivre l'entretien.

Il y eut un petit instant de silence. On heurta à la porte. Nous exprimâmes tous la crainte que le maître ne vînt pas, puisque la réponse était si prompte. Mais mon étoile voulut que Michel-Ange, qui habitait tout près, fût justement en chemin, dans la direction de San Silvestro ; il allait par la via Esquilina, vers les Thermes, en philosophant avec son disciple Urbino. Et comme notre envoyé l'avait rencontré et ramené, c'était lui-même qui se tenait en personne sur le seuil. La marquise se leva, et resta longtemps en conversation avec lui, debout, à part des autres, avant qu'elle l'invitât à prendre place entre Lattanzio et elle.

François de Hollande s'assit à côté de lui ; mais Michel-Ange ne fit aucune attention à son voisin, — ce qui le piqua vivement : François dit, d'un air vexé :

Vraiment, le plus sûr moyen de n'être pas vu de quelqu'un consiste à se mettre droit en face de ses yeux.

Michel-Ange, étonné, le regarda, et s'excusa aussitôt, avec une grande courtoisie :

— Pardonnez, messer Francesco ; en vérité, je ne vous avais pas remarqué, parce que je n'avais d'yeux que pour la marquise.

Cependant Vittoria, après une petite pause, commença, avec un art qu'on ne pouvait assez vanter, à parler de mille choses, d'une façon adroite et discrète, sans toucher à la peinture. On eût dit quelqu'un qui assiège une ville forte, avec peine et avec art ; et Michel-Ange avait l'air d'un assiégé vigilant et défiant, qui met ici des postes, qui lève là les ponts, qui place ailleurs des mines, et qui tient la garnison en éveil aux portes et sur les murs. Mais enfin, la marquise l'emporta. Et vraiment, personne n'aurait pu se défendre d'elle.

— Allons, — dit-elle, — il faut bien reconnaître qu'on est toujours vaincu, quand on attaque Michel-Ange avec ses propres armes, c'est-à-dire avec la ruse. Il faudra, messer Lattanzio, que nous parlions avec lui de procès, de brefs du pape, ou bien... de peinture, si nous voulons le réduire au silence, et avoir le dernier mot.

Ce détour ingénieux amène la conversation sur le terrain de l'art. Vittoria entretient Michel-Ange d'une construction pieuse, qu'elle a le projet d'élever ; et aussitôt Michel-Ange s'offre à examiner l'emplacement, pour ébaucher un plan.

— Je n'aurais pas osé vous demander un si grand service, — répond la marquise, — bien que je sache que vous suivez en tout l'enseignement du Sauveur, qui abaissait les superbes et élevait les humbles... Aussi, ceux qui vous connaissent estiment la personne de Michel-Ange plus encore que ses œuvres, au lieu que ceux qui ne vous connaissent pas personnellement célèbrent la plus faible partie de vous-même, c'est-à-dire les œuvres de vos mains. Mais je ne loue pas moins que vous vous retiriez si souvent à l'écart, fuyant nos conversations inutiles, et qu'au lieu de peindre tous les princes qui viennent vous en prier, vous ayez consacré presque toute votre vie à une seule grande œuvre.

Michel-Ange décline modestement ces compliments, et exprime son aversion pour les bavards et les oisifs, — grands seigneurs ou papes, — qui se croient permis d'imposer leur société à un artiste, quand déjà il n'a pas assez de sa vie pour accomplir sa tâche.

Puis, l'entretien passe aux plus hauts sujets de l'art, que la marquise traite avec une gravité religieuse. Une œuvre d'art, pour elle, comme pour Michel-Ange, est un acte de foi.

— La bonne peinture, — dit Michel-Ange, — s'approche de Dieu et s'unit à lui... Elle n'est qu'une copie de ses perfections, une ombre de son pinceau, sa musique, sa mélodie... Aussi, ne suffit-il point que le peintre soit un grand et habile maître. Je pense bien plutôt que sa vie doit être pure et sainte, autant que possible, afin que le Saint-Esprit gouverne ses pensées... (1)

Ainsi le jour s'écoule, en ces conversations vraiment sacrées, d'une sérénité majestueuse, dans le cadre de l'église San-Silvestro, à moins que les amis ne préfèrent continuer l'entretien dans le jardin, que nous décrit François de Hollande, « près de la fontaine, à l'ombre des buissons de lauriers, assis sur un banc de pierre adossé à un mur tout tapissé de lierre », d'où ils dominaient Rome, se déroulant à leurs pieds. (2)

Ces beaux entretiens ne durèrent malheureusement

---

(1) 1re partie du *Dialogue sur la peinture dans la ville de Rome*.

(2) *Ibid*. Troisième partie. — Le jour de cette entretien, Octave Farnèse, neveu de Paul III, épousait Marguerite, veuve d'Alexandre de Médicis. A cette occasion, un cortège triomphal, — douze chars à l'antique, — défilait sur la place Navone, où la foule s'écrasait. Michel-Ange s'était réfugié avec ses amis dans la paix de San-Silvestro, au-dessus de la ville.

point. La crise religieuse par laquelle passait la marquise de Pescara les rompit brusquement. En 1541, elle quitta Rome, pour s'enfermer dans un cloître, à Orvieto, puis à Viterbe.

Mais souvent elle partait de Viterbe, et elle venait à Rome, uniquement pour voir Michel-Ange. Il était épris de son divin esprit, et elle le lui rendait bien. Il reçut d'elle et garda beaucoup de lettres, pleines d'un chaste et très doux amour, et telles que cette âme noble pouvait les écrire. (1)
Sur son désir, *ajoute Condivi*, il exécuta un Christ nu, qui, détaché de la croix, tomberait comme un cadavre inerte, aux pieds de sa sainte mère, si deux anges ne le soutenaient par les bras. Elle est assise sous la croix; son visage pleure et souffre; et, les deux bras ouverts, elle lève les mains au ciel. Sur le bois de la croix, on lit ces mots : *Non vi si pensa quanto sangue costa* (2). — Par amour pour Vittoria, Michel-Ange dessina aussi Jésus-Christ en croix, non pas mort, comme on le représente d'habitude, mais vivant, le visage tourné vers son Père, et criant : « Eli! Eli! » Le corps ne s'abandonne pas, sans volonté; il se tord et se crispe dans les dernières souffrances de l'agonie.

Peut-être Vittoria a-t-elle également inspiré les deux dessins sublimes de *la Résurrection*, qui sont au Louvre et au British Museum. — Dans celui du Louvre,

---

(1) Condivi. — Ce ne sont pas, à dire vrai, les lettres que nous avons conservées de Vittoria, et qui sont nobles sans doute, mais un peu froides. — Il faut penser que de toute cette correspondance, nous ne possédons plus que cinq lettres, d'Orvieto et de Viterbe, et trois lettres, de Rome, entre 1539 et 1541.

(2) Ce dessin, comme l'a montré M. A. Grenier, fut la première image inspiratrice des diverses *Pietà*, que Michel-Ange sculpta plus tard : celle de Florence (1550-1555), la *Pietà* Rondanini (1563), et celle, récemment retrouvée, à Palestrina (entre 1555 et 1560). — Se rattachent encore à cette conception, des esquisses, à la Bibliothèque d'Oxford, et la *Mise au Tombeau* de la National Gallery.
Voir A. Grenier : *Une Pietà inconnue de Michel-Ange à Palestrina*, Gazette des Beaux-Arts, mars 1907. — On trouvera dans cet article les reproductions des différentes *Pietà*.

le Christ herculéen a rejeté avec furie la lourde dalle du tombeau ; il a encore une jambe dans la fosse, et, la tête levée, les bras levés, il se précipite vers le ciel, dans un élan de passion, qui rappelle un des *Captifs* du Louvre. Retourner à Dieu ! Quitter ce monde, ces hommes, qu'il ne regarde même pas, et qui rampent à ses pieds, stupides, épouvantés ! S'arracher au dégoût de cette vie, enfin, enfin !... — Le dessin du British Museum a plus de sérénité. Le Christ est sorti du tombeau : il plane, son corps vigoureux flotte dans l'air qui le caresse ; les bras croisés, la tête renversée en arrière, les yeux fermés, en extase, il monte dans la lumière, comme un rayon de soleil.

Ainsi Vittoria rouvrit à l'art de Michel-Ange le monde de la foi. Elle fit plus encore : elle donna l'essor à son génie poétique, que l'amour de Cavalieri avait réveillé. (1) Non seulement elle l'éclaira sur les révélations

----

(1) C'est alors que Michel-Ange pensa à publier un recueil de ses poésies. Ses amis Luigi del Riccio et Donato Giannotti lui en donnèrent l'idée. Jusque-là, il n'avait pas attaché grande importance à ce qu'il écrivait. Giannotti s'occupa de cette publication, vers 1545. Michel-Ange fit un choix parmi ses vers ; et ses amis les recopièrent. Mais la mort de Riccio, en 1546, et de Vittoria, en 1547, le détourna de cette idée, qui lui sembla une vanité dernière. Ses poésies ne furent pas publiées de son vivant, sauf un petit nombre, qui parurent dans des ouvrages de Varchi, Giannotti, Vasari, etc. Mais elles circulaient de main en main. Les plus grands compositeurs : Archadelt, Tromboncino, Consilium, Costanzo Festa, les mirent en musique. Varchi lut et commenta un des sonnets, en 1546, devant l'Académie de Florence. Il y trouvait « la pureté antique et la plénitude de pensées de Dante ».

Michel-Ange était nourri de Dante. « Personne ne le comprenait mieux, dit Giannotti, et ne possédait plus parfaitement son œuvre. » Personne ne lui a adressé un plus magnifique hommage que le beau sonnet : « *Dal ciel discese...* » (*Poésies*, CIX, 37) — Il ne connaissait pas moins Pétrarque, Cavalcanti, Cino da Pistoja, et les classiques de la poésie italienne. Son style en était forgé. Mais le sentiment qui vivifiait tout était son ardent idéalisme platonicien.

religieuses, dont il avait l'obscur pressentiment; mais, comme l'a montré Thode, elle lui donna l'exemple de les chanter dans ses vers. C'est dans les premiers temps de leur amitié que parurent les premiers *Sonnets spirituels* de Vittoria. (1) Elle les envoyait à son ami, à mesure qu'elle les écrivait. (2)

Il y puisait une douceur consolante, une vie nouvelle. Un beau sonnet, qu'il lui adressa, en réponse, témoigne de sa reconnaissance attendrie :

Bienheureux esprit qui, par un ardent amour, retiens en vie mon vieux cœur, près de mourir, et qui, parmi tes biens et tes plaisirs, me distingues seul entre tant de plus nobles êtres, — telle tu apparus autrefois à mes yeux, telle maintenant à mon âme tu te montres, afin de me consoler... C'est pourquoi, recevant ce bienfait de toi qui penses à moi dans mes soucis, je t'écris pour te remercier. Car ce serait grande présomption et grand honte, si je prétendais te donner de misérables peintures en échange de tes créations belles et vivantes. (3)

Dans l'été de 1544, Vittoria revint habiter à Rome, au cloître Santa Anna, et elle y resta jusqu'à sa mort. Michel-Ange allait la voir. Elle pensait affectueusement à lui, elle cherchait à mettre un peu d'agrément et de confort dans sa vie, à lui faire en secret quelques petits cadeaux. Mais l'ombrageux vieillard, « qui ne voulait

---

(1) *Rime con giunta di XVI Sonetti spirituali*, 1539.
Rime con giunta di XXIV Sonetti spirituali e Trionfo della Croce, 1544. Venise.

(2) « Je possède un petit livre en parchemin, dont elle m'a fait présent, il y a quelque dix ans, écrit Michel-Ange à Fattucci, le 7 mars 1551. Il contient cent trois sonnets, non compris les quarante sur papier, qu'elle m'envoya de Viterbe : je les ai fait relier dans le même petit livre... J'ai aussi beaucoup de lettres qu'elle m'écrivit d'Orvieto et de Viterbe. Voilà ce que je possède d'elle. »

(3) Voir aux *Annexes*, XVIII. *(Poésies, LXXXVIII)*

accepter de présents de personne », (1) même de ceux qu'il aimait le mieux, refusait de lui faire ce plaisir.

Elle mourut. Il la vit mourir, et il dit ce mot touchant, qui montre quelle chaste réserve avait gardée leur grand amour :

« Rien ne me désole tant que de penser que je l'ai vue morte, et que je ne lui ai pas baisé le front et le visage, comme j'ai baisé sa main. » (2)

« Cette mort, — dit Condivi, — le rendit pour long temps tout à fait stupide : il semblait avoir perdu le sens. »

« Elle me voulait un très grand bien, disait-il tristement plus tard, et moi de même. *(Mi voleva grandissimo bene, e io non meno a lei.)* La mort m'a ravi un grand ami. »

Il écrivit sur cette mort deux sonnets. L'un, tout imprégné de l'esprit platonicien, est d'une rude préciosité, d'un idéalisme halluciné; il semble une nuit sillonnée d'éclairs. Michel-Ange compare Vittoria au marteau du sculpteur divin, qui fait jaillir de la matière les sublimes pensées :

Si mon rude marteau façonne les durs rochers tantôt à une image et tantôt à une autre, c'est de la main qui le tient, le conduit et le guide, qu'il reçoit le mouvement; il va, poussé par une force étrangère. Mais le marteau divin qui dans le ciel se dresse, crée sa propre beauté et la beauté des autres par son unique force. Aucun autre marteau ne peut se

---

(1) Vasari. — Il se brouilla, pour un temps, avec un de ses plus chers amis, Luigi del Riccio, parce que celui-ci lui faisait des présents, malgré lui :

« Je suis plus oppressé, lui écrit-il, par ton extrême bonté, que si tu me volais. Il faut de l'égalité entre amis : si l'un donne plus, et l'autre moins, alors on en vient au combat; et si l'un est vainqueur, l'autre ne le pardonne pas. »

(2) Condivi.

créer sans marteau; celui-là seul fait vivre tous les autres. Et parce que le coup qu'il frappe sur l'enclume est d'autant plus fort que le marteau se lève plus haut dans la forge, celui-là s'est levé au-dessus de moi, jusqu'au ciel. C'est pourquoi il mènera mon œuvre à bonne fin, si la forge divine lui prête maintenant son aide. Jusqu'ici, sur la terre, il était seul. (1)

L'autre sonnet est plus tendre, et proclame la victoire de l'amour sur la mort :

Quand celle qui m'a arraché tant de soupirs s'est dérobée au monde, à mes yeux, à elle-même, la nature qui nous avait jugés dignes d'elle tomba dans la honte, et tous ceux qui le virent, dans les pleurs. — Mais que la mort ne se vante pas aujourd'hui d'avoir éteint ce soleil des soleils, comme elle a fait des autres! Car Amour a vaincu, et la fait revivre sur terre et dans le ciel, parmi les saints. La mort inique et criminelle croyait étouffer l'écho de ses vertus et ternir la beauté de son âme. Ses écrits ont fait le contraire : ils l'illuminent de plus de vie qu'elle n'en eut en sa vie; et par la mort, elle a conquis le ciel, qu'elle n'avait pas encore. (2)

*
* *

C'est pendant cette grave et sereine amitié, (3) que Michel-Ange exécuta ses dernières grandes œuvres de

---

(1) Voir aux *Annexes*, XIX. (*Poésies*, CI)

Michel-Ange ajoute ce commentaire :

« Il (*le marteau : Vittoria*) était seul dans ce monde pour exalter la vertu avec ses grandes vertus; il n'y avait ici personne qui poussât le soufflet de forge. Maintenant, au ciel, il aura beaucoup d'aides; car il n'y a là personne à qui la vertu ne soit chère. Aussi, j'espère que de là-haut viendra l'achèvement de mon être. — Maintenant, au ciel, il y aura quelqu'un pour pousser le soufflet: ici-bas, il n'avait aucun aide à la forge, où sont forgées les vertus. »

(2) Voir aux *Annexes*, XX. (*Poésies*, C)

C'est au revers du manuscrit de ce sonnet que se trouve le dessin à la plume, où l'on prétend reconnaître l'image de Vittoria, aux seins flétris.

(3) L'amitié de Michel-Ange pour Vittoria Colonna ne fut pas exclusive d'autres passions. Elle ne suffisait pas à remplir son âme. On s'est bien gardé de le dire, par un souci ridicule d' « idéaliser »

peinture et de sculpture : *le Jugement Dernier*, les fresques de la Chapelle Pauline, et — enfin — le Tombeau de Jules II.

Quand Michel-Ange avait quitté Florence, en 1534, pour s'installer à Rome, il pensait, délivré de tous ses autres travaux par la mort de Clément VII, pouvoir terminer en paix le tombeau de Jules II, puis mourir, la conscience déchargée du fardeau qui avait pesé sur toute sa vie. Mais, à peine arrivé, il se laissa remettre à la chaîne par des maîtres nouveaux.

Paul III le fit appeler et le pria de le servir... Michel-Ange refusa, disant qu'il ne pouvait; car il était lié par contrat avec le duc d'Urbin, jusqu'à ce que le tombeau de Jules fût achevé. Alors le pape se mit en colère et dit : « Depuis trente ans, j'ai ce désir; et, maintenant que je suis pape, je

---

Michel-Ange. Comme si un Michel-Ange avait besoin d'être « idéalisé »! — Pendant le temps de son amitié avec Vittoria, entre 1535 et 1546, Michel-Ange aima une femme « belle et cruelle », *donna aspra e bella* (CIX, 89), — *lucente e fera stella, iniqua e fella, dolce pieta con dispietato core* (CIX, 9), — *cruda e fera stella* (CIX, 14), — *bellezza e gratia equalmente infinita* (CIX, 3), — « ma dame ennemie », comme il l'appelle encore, *la donna mia nemica* (CIX, 54). — Il l'aima passionnément, il s'humilia devant elle, il lui eût presque sacrifié son salut éternel :

> *Godo gl' inganni d'una donna bella...* (CIX, 90)
> *Porgo umilmente al' aspro giogo il collo...* (CIX, 54)
> *Dolce mi saria l'inferno teco...* (CIX, 55)

Il fut torturé par cet amour. Elle s'amusait de lui :

> *Questa mie donna è si pronta e ardita,*
> *C' allor che la m'ancide, ogni mie bene*
> *Cogli ochi mi promecte e parte tiene*
> *Il crudel ferro dentro a la ferita...* (CIX, 15)

Elle excitait sa jalousie, et coquetait avec d'autres. Il finit par la haïr. Il suppliait le sort de la faire laide et éprise de lui, pour qu'il pût ne plus l'aimer et la faire souffrir à son tour :

« Amour, pourquoi permets-tu que la beauté refuse ta suprême courtoisie à qui te désire et t'apprécie, et qu'elle l'accorde à des êtres stupides? Ah! fais qu'une autre fois elle soit de cœur aimant, et si laide de corps que je ne l'aime point, et qu'elle m'aime! »

Voir aux *Annexes*, XXI. (*Poésies*, CIX, 63)

ne pourrais pas le satisfaire ? Je déchirerai le contrat, et je veux que tu me serves, en dépit de tout. » (1)

Michel-Ange fut sur le point de fuir.

Il songea à se réfugier près de Gênes, dans une abbaye de l'évêque d'Aleria, qui était son ami, et qui avait été celui de Jules II : il eût terminé là commodément son œuvre, dans le voisinage de Carrare. L'idée lui vint aussi de se retirer à Urbin, qui était un lieu paisible, et où il espérait être bien vu, en souvenir de Jules II : il y avait déjà envoyé, dans cette intention, un de ses gens pour acheter une maison. (2)

Mais, au moment de se décider, la volonté lui manquait, comme toujours ; il craignait les conséquences de ses actes, il se flattait de l'éternelle illusion, éternellement déçue, qu'il pourrait s'en tirer par quelque compromis. Il se laissa de nouveau attacher, et il continua de traîner son boulet jusqu'à la fin.

Le premier septembre 1535, un bref de Paul III le nomma architecte en chef, sculpteur et peintre du palais apostolique. Depuis le mois d'avril précédent, Michel-Ange avait accepté de travailler au *Jugement Dernier*.(3) Il fut entièrement occupé par cette œuvre, d'avril 1536 à novembre 1541, c'est-à-dire pendant le séjour de Vittoria à Rome. Au cours de cette énorme tâche, — sans doute, en 1539, — le vieillard tomba d'échafaudage, et se blessa grièvement à la jambe. « De douleur et de colère, il ne voulut être soigné par aucun médecin. » (4)

------

(1) Vasari.
(2) Condivi.
(3) L'idée de cette immense fresque, qui couvre le mur d'entrée de la chapelle Sixtine, au-dessus de l'autel du pape, remontait à Clément VII, dès 1533.
(4) Vasari.

Il détestait les médecins, et manifestait dans ses lettres une inquiétude comique, quand il apprenait qu'un des siens avait eu l'imprudence de s'adresser à leurs soins.

Heureusement pour lui, après sa chute, maître Baccio Rontini de Florence, son ami, qui était un médecin de beaucoup d'esprit et qui lui était fort attaché, eut pitié de lui, et alla, un jour, frapper à la porte de sa maison. Personne ne lui répondant, il monta, et chercha de chambre en chambre, jusqu'à ce qu'il arrivât dans celle où Michel-Ange était couché. Celui-ci fut au désespoir, quand il le vit. Mais Baccio ne voulut plus partir et ne le quitta plus que lorsqu'il l'eut guéri. (1)

Comme autrefois Jules II, Paul III venait voir peindre Michel-Ange, et donnait son avis. Il était accompagné de son maître des cérémonies, Biagio da Cesena. Un jour, il demanda à ce dernier ce qu'il pensait de l'œuvre. Biagio, qui était, dit Vasari, une très scrupuleuse personne, déclara qu'il était souverainement inconvenant d'avoir représenté en un lieu aussi solennel tant de nudités indécentes ; c'était là, ajoutait-il, une peinture bonne à décorer une salle de bains, ou une auberge. Michel-Ange, indigné, portraitura de mémoire Biagio, après qu'il fut sorti ; il le représenta dans l'Enfer, sous la forme de Minos, avec un grand serpent enroulé autour des jambes, au milieu d'une montagne de diables. Biagio se plaignit au pape. Paul III se moqua de lui : « Si encore, lui dit-il, Michel-Ange t'avait mis au Purgatoire, j'aurais pu faire quelque chose pour te sauver ; mais il t'a placé en Enfer ; et là, je ne peux rien : en Enfer, il n'y a aucune rédemption. » (2)

---

(1) Vasari.
(2) *Ibid.*

Biagio ne fut pas le seul à trouver indécentes les peintures de Michel-Ange. L'Italie se faisait prude; et le temps n'était pas loin où Véronèse allait être traduit devant l'Inquisition pour l'inconvenance de sa *Cène chez Simon*. (1) Il ne manqua pas de gens pour crier au scandale, devant *le Jugement Dernier*. Celui qui cria le plus fort fut l'Arétin. Le maître pornographe entreprit de donner des leçons de décence au chaste Michel-Ange. (2) Il lui écrivit une lettre de Tartuffe impudent. (3) Il l'accusait de représenter « des choses à faire rougir une maison de débauche », et il le dénonçait pour impiété à l'Inquisition naissante; « car ce serait un moindre crime de ne pas croire, disait-il, que d'attenter ainsi à la foi chez autrui». Il engageait le pape à détruire la fresque. Il mêlait à ses dénonciations de luthéranisme d'ignobles insinuations contre les mœurs de Michel-

---

(1) En juillet 1553. — Véronèse ne manqua point de s'appuyer sur l'exemple du *Jugement dernier :*

« Je conviens que c'est mal; mais j'en reviens à dire ce que j'ai dit, que c'est un devoir pour moi de suivre les exemples que mes maîtres m'ont donnés.

— Qu'ont donc fait vos maîtres? Des choses pareilles peut-être ?

— Michel-Ange à Rome, dans la chapelle du pape, a représenté Notre Seigneur, Sa mère, saint Jean, saint Pierre et la Cour Céleste, et il a représenté nus tous les personnages, voire la Vierge Marie, et dans des attitudes que la plus sévère religion n'a pas inspirées... »

(A. Baschet : *Paul Véronèse devant le Saint-Office*, 1880)

(2) C'était une vengeance. Il avait essayé de lui extorquer, selon son habitude, quelques œuvres d'art; il avait eu, de plus, l'effronterie de lui tracer un programme pour *le Jugement Dernier*. Michel-Ange avait décliné poliment cette offre de collaboration étrange, et fait la sourde oreille aux demandes de présent. L'Arétin voulut montrer à Michel-Ange ce qu'il en pouvait coûter de lui manquer d'égards.

(3) Une comédie de l'Arétin, *l'Hipocrito*, fut le prototype de *Tartuffe*. (P. Gauthiez : *l'Arétin*, 1895)

9

Ange; (1) et, pour achever, il l'accusait d'avoir volé Jules II. A cette infâme lettre de chantage, (2) où tout ce qu'il y avait de plus profond dans l'âme de Michel-Ange : — sa piété, son amitié, son sentiment de l'honneur, — était sali et outragé, — à cette lettre, que Michel-Ange ne pût lire sans rire de mépris et sans pleurer de honte, il ne répondit rien. Sans doute en pensa-t-il ce qu'il disait de certains ennemis, dans son dédain écrasant : « qu'il ne valait pas la peine de les combattre; car la victoire sur eux n'a aucune importance ». — Et quand les idées de l'Arétin et de Biagio sur son *Jugement Dernier* eurent gagné du terrain, il ne fit rien pour répondre, rien pour les arrêter. Il ne dit rien, quand son œuvre fut traitée d' « ordure luthérienne ». (3) Il ne dit rien, quand Paul IV voulut jeter à bas la fresque. (4) Il ne dit rien, quand, sur l'ordre du pape, Daniel de Volterre « culotta » ses héros. (5) — On lui demanda son avis. Il répondit sans colère, avec un mélange d'ironie et de pitié : « Dites au pape que c'est là une petite chose, qu'il est bien facile de mettre en ordre. Que

---

(1) Il faisait une allusion injurieuse à « Gherardi et Tomai » (Gherardo Perini, et Tommaso dei Cavalieri).

(2) Ce chantage s'étale impudemment. A la fin de cette lettre de menaces, après avoir rappelé à Michel-Ange ce qu'il attendait, de lui : — des présents, — l'Arétin ajoute ce *post-scriptum :*

« A présent que j'ai un peu déchargé ma colère, et que je vous ai fait voir que si vous êtes *divino*, je ne suis pas *d'acqua*, déchirez cette lettre, comme moi, et décidez-vous... »

(3) Par un Florentin, en 1549. (Gaye, *Carteggio*, II, 500)

(4) En 1596, Clément VIII voulut aussi faire effacer *le Jugement.*

(5) En 1559. — Daniel de Volterre garda de cette opération le surnom de « culottier » *(braghettone).* — Daniel était un ami de Michel-Ange. Un autre de ses amis, le sculpteur Ammanati, condamna le scandale de ces représentations nues. — Michel-Ange ne fut donc même pas soutenu en cette occasion par ses disciples.

Sa Sainteté veille seulement à mettre le monde en ordre : arranger une peinture ne coûte pas grand peine. » — Il savait dans quelle ardente foi il avait accompli cette œuvre, parmi les religieux entretiens de Vittoria Colonna, et sous l'égide de cette âme immaculée. Il eût rougi de défendre la chaste nudité de ses pensées héroïques contre les sales soupçons et les sous-entendus des hypocrites et des cœurs bas.

Quand la fresque de la Sixtine fut terminée, (1) Michel-Ange crut enfin avoir le droit d'achever le monument de Jules II. Mais le pape insatiable exigea que le vieillard de soixante-dix ans peignît les fresques de la Chapelle Pauline. (2) Peu s'en fallut qu'il ne mît la main sur quelques-unes des statues destinées au tombeau de Jules II, afin de les faire servir à l'ornement de sa propre chapelle. Michel-Ange dut s'estimer heureux qu'on lui permît de signer un cinquième et dernier contrat avec les héritiers de Jules II. Par ce contrat, il livrait ses statues achevées, (3) et payait deux sculpteurs pour terminer le monument : moyennant quoi, il était déchargé de toute autre obligation pour toujours.

Il n'était pas au bout de ses peines. Les héritiers

---

(1) L'inauguration du *Jugement Dernier* eut lieu le 25 décembre 1541. On vint de toute l'Italie, de la France, de l'Allemagne et des Flandres, pour y assister. — Voir la description de l'œuvre dans le livre de la collection : *les Maîtres de l'Art*, pages 90-93.

(2) Ces fresques *(la Conversion de saint Paul, le Martyre de saint Pierre)*, auxquelles Michel-Ange travailla depuis 1542, furent interrompues par deux maladies, en 1544 et 1546, et terminées péniblement en 1549-1550. Ce furent « les dernières peintures qu'il exécuta, écrit Vasari, et avec grand effort ; car la peinture, et en particulier la fresque, n'est pas un art pour les vieillards ».

(3) Ce devaient être d'abord le *Moïse* et les deux *Esclaves* ; mais Michel-Ange trouva que les *Esclaves* ne convenaient plus au tombeau ainsi réduit, et il sculpta deux autres figures : *la Vie active* et *la Vie contemplative (Rachel et Lia)*.

de Jules II continuèrent de lui réclamer âprement l'argent, qu'ils prétendaient lui avoir été autrefois déboursé. Le pape lui faisait dire de n'y pas penser, et d'être tout à son travail de la Chapelle Pauline. « Mais, répondait-il,

on peint avec la tête et non avec les mains; qui n'a pas ses pensées à soi se déshonore: c'est pourquoi je ne fais rien de bon, tant que j'ai ces préoccupations... J'ai été enchaîné à ce tombeau, toute ma vie; j'ai perdu toute ma jeunesse à tâcher de me justifier devant Léon X et Clément VII; j'ai été ruiné par ma trop grande conscience. Ainsi le veut mon destin! Je vois beaucoup de gens, qui se sont fait des rentes de 2 à 3.000 écus; et moi, après de terribles efforts, je suis seulement parvenu à être pauvre. Et l'on me traite de voleur!... Devant les hommes, — (je ne dis pas devant Dieu), — je me tiens pour un honnête homme; je n'ai jamais trompé personne... Je ne suis pas un voleur, je suis un bourgeois florentin, de noble naissance, et fils d'un homme honorable... Quand je dois me défendre contre des coquins, je deviens fou, à la fin!... (1)

Pour désintéresser ses adversaires, il termina de sa main les statues de *la Vie active* et de *la Vie contemplative*, bien qu'il n'y fût pas forcé par son contrat.

Enfin, le monument de Jules II fut inauguré à San Pietro in Vincoli, en janvier 1545. Que restait-il du beau plan primitif? — Le seul *Moïse,* qui en devenait le centre, après n'en avoir été autrefois qu'un détail. Caricature d'un grand projet!

Du moins, c'était fini. Michel-Ange était délivré du cauchemar de toute sa vie.

---

(1) Lettre à un *Monsignore* inconnu (octobre 1542). *(Lettres,* édition Milanesi, CDXXXV)

II

FOI

Signior mie caro, i' te sol chiamo e 'nvoco
Contra l'inutil mie cieco tormento. (1)

Son désir eût été, après la mort de Vittoria, de
revenir à Florence, pour « coucher ses os fatigués, à
côté de son père, dans le repos ». (2) Mais après avoir
servi, toute sa vie, les papes, il voulut consacrer ses
dernières années à servir Dieu. Peut-être y avait-il été
poussé par son amie, et accomplissait-il un de ses derniers vœux. Un mois avant la mort de Vittoria Colonna,
le premier janvier 1547, Michel-Ange était en effet
nommé, par bref de Paul III, préfet et architecte de
Saint-Pierre, avec pleins pouvoirs pour élever l'édifice.
Il n'accepta pas sans peine ; et ce ne furent pas les
instances du pape qui le décidèrent à charger ses
épaules de septuagénaire du fardeau le plus lourd qu'il
eût encore porté. Il vit là un devoir, une mission de
Dieu :

« Beaucoup croient — et je crois — que j'ai été placé

---

(1) *Poésies,* CXXIII.
(2) Lettre de Michel-Ange à Vasari. (19 septembre 1552).

137

à ce poste par Dieu, écrivait-il. Si vieux que je sois, je ne veux pas l'abandonner; car je sers par amour de Dieu, et je place en lui toutes mes espérances. » (1)

Il n'acceptait aucun paiement pour cette tâche sacrée.

Il s'y trouva aux prises avec de nombreux ennemis : « la secte de San Gallo », (2) comme dit Vasari, et tous les administrateurs, fournisseurs, entrepreneurs de la construction, dont il dénonçait les fraudes, sur lesquelles San Gallo avait toujours fermé les yeux. « Michel-Ange, dit Vasari, délivra Saint-Pierre des voleurs et des bandits. »

Une coalition se forma contre lui. Elle eut pour chef l'effronté Nanni di Baccio Bigio, un architecte, que Vasari accuse d'avoir volé Michel-Ange, et qui visait à le supplanter. On répandit le bruit que Michel-Ange n'entendait rien à l'architecture, qu'il gaspillait l'argent et ne faisait que détruire l'œuvre de son prédécesseur. Le Comité d'administration du bâtiment, prenant lui-même parti contre son architecte, provoqua en 1551 une enquête solennelle, présidée par le pape; les inspecteurs et les ouvriers vinrent y déposer contre Michel-

---

(1) Lettre de Michel-Ange à Lionardo, son neveu. (7 juillet 1557)

(2) Il s'agit ici d'Antonio da San Gallo, architecte en chef de Saint-Pierre, depuis 1537 jusqu'à sa mort en octobre 1546. Il avait toujours été ennemi de Michel-Ange, qui le traita sans ménagements. Ils se trouvèrent opposés l'un à l'autre, à propos des fortifications du Borgo (quartier du Vatican), pour lesquelles Michel-Ange fit abandonner les plans de San Gallo, en 1545, et lors de la construction du palais Farnese, que San Gallo avait bâti jusqu'au second étage, et que Michel-Ange termina, imposant en 1549 son modèle pour la corniche et éliminant le projet de son rival. — (Voir le *Michel-Angelo* de Thode)

Ange, avec l'appui des cardinaux Salviati et Cervini. (1)
Michel-Ange daigna à peine se justifier : il refusa toute
discussion. — « Je ne suis pas obligé, dit-il au cardinal
Cervini, de vous communiquer, à vous, ou à qui que ce
soit, ce que je dois ou veux faire. Votre affaire est de
surveiller les dépenses. Le reste ne regarde que moi. » (2)
— Jamais son orgueil intraitable ne consentit à faire
part de ses projets à personne. A ses ouvriers qui se
plaignaient, il répondait : « Votre affaire est de maçon-
ner, de tailler, de menuiser, de faire votre métier,
et d'exécuter mes ordres. Quant à savoir ce que j'ai
dans l'esprit, vous ne l'apprendrez jamais : car ce
serait contre ma dignité. » (3)

Contre les haines, que de tels procédés soulevaient, il
n'eût pu se soutenir un instant sans la faveur des
papes. (4) Aussi, lorsque mourut Jules III, (5) et que le cardinal Cervini devint pape, Michel-Ange fut sur le point
de quitter Rome. Mais Marcel II ne fit que passer sur le
trône; et Paul IV lui succéda. De nouveau assuré de la
protection souveraine, Michel-Ange continua de lutter.
Il se fût cru déshonoré, et il eût craint pour son salut,
s'il avait abandonné l'œuvre.

---

(1) Le futur pape Marcel II.
(2) Vasari.
(3) Bottari.
(4) A la fin de l'enquête de 1551, Michel-Ange, se tournant vers
Jules III qui présidait, lui dit : « Saint-Père, vous voyez quel est
mon gain ! Si les ennuis que j'endure ne servent pas à mon âme,
je perds mon temps et ma peine. » — Le pape qui l'aimait, lui mit
ses mains sur les épaules, et s'écria : « Tu gagnes pour les deux,
pour ton âme et pour ton corps. Sois sans crainte ! » (Vasari)
(5) Paul III était mort le 10 novembre 1549; et Jules III, qui
aimait, comme lui, Michel-Ange, régna du 8 février 1550 au 23 mars
1555. Le cardinal Cervini fut élu, le 9 avril 1555, sous le nom de
Marcel II. Il ne régna que quelques jours; et Paul IV Caraffa lui
succéda, le 23 mai 1555.

« Contre ma volonté, j'en ai été chargé, dit-il. Voici huit ans que je m'y épuise en vain, au milieu de tous les ennuis et de toutes les fatigues. Maintenant que la construction est assez avancée pour que l'on puisse commencer à voûter la coupole, mon départ de Rome serait la ruine de l'œuvre, un grand affront pour moi, et, pour mon âme, un très grand péché. » (1)

Ses ennemis ne désarmaient point; et la lutte, un moment, prit un caractère tragique. En 1563, l'aide le plus dévoué de Michel-Ange à Saint-Pierre, Pier Luigi Gaeta, fut jeté en prison, sous la fausse accusation de vol; et le chef des travaux, Cesare da Casteldurante, fut poignardé. Michel-Ange répondit, en nommant à la place de Cesare, Gaeta. Le Comité d'administration chassa Gaeta, et nomma l'ennemi de Michel-Ange, Nanni di Baccio Bigio. Michel-Ange, hors de lui, ne vint plus à Saint-Pierre. On fit courir le bruit qu'il se démettait de ses fonctions; et le Comité lui donna pour suppléant Nanni, qui trancha aussitôt du maître. Il comptait finir par lasser le vieux homme de quatre-vingt-huit ans, malade et moribond. Il ne connaissait pas son adversaire. Michel-Ange, sur-le-champ, alla trouver le pape; il menaça de quitter Rome, si justice ne lui était faite. Il exigea une nouvelle enquête, convainquit Nanni d'incapacité et de mensonge, et le fit

---

(1) Lettre de Michel-Ange à Lionardo. (11 mai 1555)
Affecté par les critiques de ses propres amis, il demanda pourtant, en 1560, « qu'on voulût bien le décharger du fardeau qu'il portait gratuitement, depuis dix-sept ans, sur l'ordre des papes ». — Mais sa démission ne fut pas acceptée, et Pie IV, par un bref, renouvela ses pouvoirs. — C'est alors qu'il se résolut enfin à exécuter, sur les instances de Cavalieri, le modèle en bois de la coupole. Jusque-là, il avait gardé tous ses projets dans sa tête, se refusant à en laisser rien voir à qui que ce fût.

chasser. (1) C'était en septembre 1563, quatre mois avant sa mort. — Ainsi, jusqu'à la dernière heure, il eut à lutter contre la jalousie et contre la haine.

Ne le plaignons pas. Il savait se défendre ; et, mourant, il était capable, à lui seul, comme il disait jadis à son frère Giovan Simone, « de mettre en pièces dix mille de cette engeance ».

*
* *

En dehors de la grande œuvre de Saint-Pierre, d'autres travaux d'architecture occupèrent la fin de sa vie : le Capitole, (2) l'église Santa Maria degli Angeli, (3) l'escalier de la *Laurenziana* de Florence, (4) la Porta Pia, et surtout l'église San Giovanni dei Fiorentini, — dernier de ses grands projets, avorté comme les autres.

Les Florentins l'avaient prié d'élever l'église de leur nation à Rome ; le duc Cosme, lui-même, lui écrivit une lettre flatteuse, à ce sujet ; et Michel-Ange, soutenu par son amour pour Florence, entreprit l'œuvre avec un enthousiasme juvénile. (5) Il dit à ses compatriotes « que s'ils exécutaient son plan, ni les Romains, ni les

---

(1) Nanni n'en pria pas moins le duc Cosme, au lendemain de la mort de Michel-Ange, de lui faire donner la succession de Michel-Ange à Saint-Pierre.

(2) Michel-Ange ne put voir élever que les escaliers et la place. Les édifices du Capitole n'ont été terminés qu'au dix-septième siècle.

(3) De l'église de Michel-Ange, il ne reste rien aujourd'hui. Elle fut reconstruite entièrement au dix-huitième siècle.

(4) On exécuta le modèle de Michel-Ange en pierre, et non en bois, comme il voulait.

(5) En 1559-1560.

Grecs n'auraient jamais rien eu de semblable : — paroles, dit Vasari, telles qu'il n'en sortit jamais de sa bouche, ni avant, ni après ; car il était extrêmement modeste ». Les Florentins acceptèrent le plan, sans rien y changer. Un ami de Michel-Ange, Tiberio Calcagni, exécuta, sous sa direction, un modèle en bois de l'église : — « c'était une œuvre d'un art si rare, qu'on n'a jamais vu une église pareille, pour la beauté, la richesse et la variété. On commença la construction, on dépensa 5.000 écus. Puis, l'argent manqua, on en resta là, et Michel-Ange en éprouva le plus violent chagrin. » (1) L'église ne fut jamais construite, et même le modèle a disparu.

Telle fut la dernière déception artistique de Michel-Ange. Comment eût-il pu avoir l'illusion, en mourant, que Saint-Pierre, à peine ébauché, serait jamais réalisé, qu'aucune de ses œuvres lui survivrait? Lui-même, s'il eût été libre, peut-être les eût-il brisées. L'histoire de sa dernière sculpture, la *Déposition de Croix* de la cathédrale de Florence, montre à quel détachement de l'art il était arrivé. S'il continuait encore de sculpter, ce n'était plus par foi dans l'art, mais par foi dans le Christ, et parce que « son esprit et sa force ne pouvaient s'empêcher de créer ». (2) Mais quand il eut fini son œuvre, il la brisa. (3) « Il l'eût détruite entièrement, si

---

(1) Vasari.

(2) *Ibid.*

Ce fut en 1553 qu'il commença cette œuvre, la plus émouvante de toutes ses œuvres; car elle est la plus intime: on sent qu'il n'y parle que pour lui, il souffre, et s'abandonne à sa souffrance. Au reste, il s'est représenté lui-même, semble-t-il, dans le vieillard, au visage douloureux, qui soutient le corps du Christ.

(3) En 1555.

son serviteur Antonio ne l'avait supplié de la lui donner. » (1)

Telle était l'indifférence que Michel-Ange, près de la mort, témoignait à ses œuvres.

Depuis la mort de Vittoria, nulle grande affection n'éclairait plus sa vie. L'amour était parti :

> *Fiamma d'amor nel cor non m' è rimasa;*
> *Se 'l maggior caccia sempre il minor duolo,*
> *Di penne l' alm' ho ben tarpat' et rasa. (2)*

La flamme d'amour n'est pas restée dans mon cœur. Le pire mal [la vieillesse] chasse toujours le moindre : j'ai rogné les ailes de l'âme.

Il avait perdu ses frères et ses meilleurs amis. Luigi del Riccio était mort en 1546, Sébastien del Piombo en 1547; son frère, Giovan Simone, en 1548. Il n'eut jamais grandes relations avec son dernier frère, Gismondo, qui mourut en 1555. Il avait reporté son besoin d'affection familiale et bourrue sur ses neveux orphelins, sur les enfants de Buonarroto, son frère le plus aimé. Ils étaient deux : une fille, Cecca (Francesca), et un garçon, Lionardo. Michel-Ange plaça Cecca dans un couvent; il lui

---

(1) Tiberio Calcagni la racheta à Antonio, et demanda à Michel-Ange la permission de la réparer. Michel-Ange y consentit, Calcagni rajusta le groupe; mais il mourut, et l'œuvre resta inachevée.

(2) *Poésies*, LXXXI (vers 1550).

Cependant, quelques poésies, qui semblent dater de son extrême vieillesse, montrent que la flamme n'était pas aussi éteinte qu'il le croyait, et que « le vieux bois brûlé », comme il disait, reprenait feu parfois. — (Voir aux *Annexes*, XXII. — *Poésies*, CX et CXIX)

constitua un trousseau, il payait sa pension, il allait la voir; et, quand elle se maria, (1) il lui donna en dot un de ses biens. (2) — Il se chargea personnellement de l'éducation de Lionardo, qui avait neuf ans à la mort de son père. Une longue correspondance, qui rappelle souvent celle de Beethoven avec son neveu, témoigne du sérieux avec lequel il remplit sa mission paternelle. (3) Ce ne fut pas sans de fréquentes colères. Lionardo mettait souvent à l'épreuve la patience de son oncle; et cette patience n'était pas grande. La mauvaise écriture du jeune garçon suffisait à jeter Michel-Ange hors des gonds. Il y voyait un manque d'égards envers lui :

> Jamais je ne reçois une lettre de toi, que la fièvre ne me vienne avant que je puisse la lire. Je ne sais pas où tu as appris à écrire ! Peu d'amour !... Je crois que quand tu aurais à écrire au plus grand âne du monde, tu y mettrais plus de soin... J'ai jeté ta dernière lettre au feu, parce que je ne pouvais pas la lire : je ne peux donc pas y répondre. Je t'ai déjà dit et répété à satiété que, chaque fois que je reçois une lettre de toi, la fièvre me vient avant que je réussisse à la lire. Une fois pour toutes, ne m'écris plus à l'avenir. Si tu as quelque chose à me faire savoir, trouve quelqu'un qui sache écrire; car j'ai besoin de ma tête pour autre chose que pour m'épuiser à déchiffrer tes grimoires. (4)

Défiant de nature, et rendu plus soupçonneux encore par ses déboires avec ses frères, il se faisait peu d'illu-

---

(1) Elle épousa, en 1538, Michele di Niccolò Guicciardini.
(2) Une propriété à Pozzolatico.
(3) Cette correspondance commence en 1540.
(4) ... *stare a spasimare intorno alle tue lettere.*
(Lettres, 1536-1548)

144

sion sur l'affection humble et flagorneuse de son neveu:
cette affection lui semblait surtout s'adresser à son
coffre-fort, dont le petit savait qu'il hériterait. Michel-
Ange ne se gênait pas pour le lui dire. Une fois, étant
malade et en danger de mort, il apprend que Lionardo
est accouru à Rome et y a fait quelques démarches
indiscrètes; il lui écrit, furieux :

Lionardo ! J'ai été malade, et tu as couru chez Ser Giovan
Francesco pour voir si je ne laissais rien. N'as-tu pas assez
de mon argent à Florence ? Tu ne peux pas mentir à ta
race et manquer de ressembler à ton père, qui m'a chassé,
à Florence, de ma propre maison ! Sache que j'ai fait un
testament de telle sorte que tu n'as plus rien à attendre de
moi. Donc va avec Dieu, et ne te présente plus devant mes
yeux, et ne m'écris plus jamais ! (1)

Ces colères n'émouvaient guère Lionardo, car elles
étaient généralement suivies de lettres affectueuses et
de cadeaux. (2) Un an plus tard, il se précipitait de
nouveau à Rome, alléché par la promesse d'un présent
de 3.000 écus. Michel-Ange, blessé de son empressement
intéressé, lui écrit :

Tu es venu à Rome avec une hâte furieuse. Je ne sais pas
si tu serais venu aussi vite si je m'étais trouvé dans la
misère et si le pain m'avait manqué !... Tu dis que c'était
ton devoir de venir, par amour pour moi. — Oui ! l'amour

---

(1) Lettre du 11 juillet 1544.

(2) Michel-Ange est le premier à avertir son neveu, pendant une
maladie, en 1549, qu'il l'a mis sur son testament. — Le testament est
ainsi conçu : « A Gismondo et à toi, je laisse tout ce que j'ai ; en
sorte que mon frère Gismondo, et toi, mon neveu, vous ayez des
droits égaux, et qu'aucun ne puisse exercer une autorité sur mes
biens sans le consentement de l'autre. »

d'un perce-bois! (1) Si tu avais de l'amour pour moi, tu m'aurais écrit : « Michel-Ange, gardez les 3.000 écus, et dépensez-les pour vous : car vous nous avez tant donné que cela nous suffit ; votre vie nous est plus chère que la fortune... » — Mais, depuis quarante ans, vous avez vécu de moi ; et jamais je n'ai reçu de vous seulement une bonne parole... (2)

Une grave question fut celle du mariage de Lionardo. Elle occupa l'oncle et le neveu pendant six ans. (3) Lionardo, docile, ménageait l'oncle à héritage ; il acceptait toutes ses observations, le laissait choisir, discuter, rejeter les partis qui s'offraient : il semblait indifférent. Michel-Ange se passionnait au contraire, comme si c'était lui qui devait se marier. Il regardait le mariage comme une affaire sérieuse, dont l'amour était la moindre condition ; la fortune n'entrait pas beaucoup plus en ligne de compte : ce qui importait, c'était la santé et l'honorabilité. Il donnait de rudes conseils, dénués de poésie, robustes et positifs :

C'est une grosse décision : souviens-toi qu'entre l'homme et la femme il doit toujours y avoir une différence d'âge de dix ans ; et fais attention à ce que celle que tu choisiras ne soit pas seulement bonne, mais saine... On m'a parlé de plusieurs personnes : l'une m'a plu, l'autre non. Si tu y penses, écris-moi donc, au cas que tu aies plus de plaisir à l'une qu'à l'autre : je t'en dirai mon avis... Tu es libre de prendre l'une ou l'autre, pourvu qu'elle soit noble et bien élevée, et plutôt sans dot, qu'avec une grosse dot, — afin de

---

(1) *L'amore del tarlo !*
(2) 6 février 1546.
Il ajoute : « Il est vrai que, l'an passé, je t'ai tant semoncé que tu as eu honte, et tu m'as envoyé un petit tonneau de Trebbiano. Ah ! cela t'a assez coûté !... »
(3) De 1547 à 1553.

vivre en paix... (1) Un Florentin m'a dit qu'on t'a parlé d'une fille de la maison Ginori, et qu'elle te plaît. Il ne me plaît pas à moi que tu prennes pour femme une fille que le père ne te donnerait pas s'il avait assez pour lui constituer une dot convenable. Je désire que celui qui veut te donner une femme la donne à toi, et non à ta fortune... Tu as uniquement à considérer la santé de l'âme et du corps, la qualité du sang et des mœurs, et, de plus, qui elle a pour parents : car cela est de grande importance... Donne-toi la peine de trouver une femme qui n'ait pas honte de laver les plats, en cas de nécessité, et de s'occuper des choses du ménage... Quant à la beauté, comme tu n'es pas précisément le plus beau jeune homme de Florence, ne t'en inquiète pas, pourvu seulement qu'elle ne soit pas estropiée, ou repoussante... (2)

Après bien des recherches, il semble qu'on ait mis la main sur l'oiseau rare. Mais, au dernier moment, voici qu'on lui découvre un vice rédhibitoire :

J'apprends qu'elle a la vue basse : ce qui ne me paraît pas un petit défaut. Aussi je n'ai rien promis encore. Puisque tu n'as rien promis non plus, mon avis est que tu te dégages, si tu es certain de la chose. (3)

Lionardo se décourage. Il s'étonne de l'insistance que son oncle met à vouloir le marier :

Cela est vrai,
        répond Michel-Ange,
                je le désire : cela est
bon, pour que notre race ne finisse pas avec nous. Je sais

---

(1) Et ailleurs :
« Tu n'as pas à chercher l'argent, mais seulement la bonté et la bonne renommée... Tu as besoin d'une femme qui reste avec toi, et à qui tu puisses commander, une femme qui ne fasse pas des embarras et n'aille pas tous les jours en noces et en festins; car là où on leur fait la cour, il leur est facile de se débaucher (*diventar puttana*), surtout quand elles n'ont pas de famille... » (*Lettres*, premier février 1549)
(2) ... *Storpiata o schifa...* (*Lettres*, 1547-1552)
(3) *Ibid.*, 19 décembre 1551.

bien que le monde n'en serait pas ébranlé ; mais enfin chaque animal s'efforce de conserver son espèce. C'est pourquoi je désire que tu te maries. (1)

Enfin Michel-Ange lui-même se lasse ; il commence à trouver ridicule que ce soit lui qui s'occupe toujours du mariage de Lionardo, et que celui-ci ait l'air de s'en désintéresser. Il déclare qu'il ne s'en mêlera plus :

Depuis soixante ans, je me suis occupé de vos affaires ; maintenant, je suis vieux, et je dois penser aux miennes.

Juste à ce moment, il apprend que son neveu vient de se fiancer avec Cassandra Ridolfi. Il se réjouit, il le félicite, et il lui promet une dot de 1.500 ducats. Lionardo se marie. (2) Michel-Ange envoie ses souhaits aux jeunes époux, et promet un collier de perles à Cassandra. La joie ne l'empêche pas toutefois d'avertir son neveu que, « quoiqu'il ne se connaisse pas très bien à ces choses, il lui semble que Lionardo aurait dû régler très exactement toutes les questions d'argent avant de conduire la femme dans sa maison : car il y a toujours dans ces questions un germe de désunion ». Il termine par cette recommandation goguenarde :

« Allons !... Et maintenant, tâche de vivre ; et penses-y bien, car le nombre des veuves est toujours plus grand que celui des veufs. » (3)

Deux mois après, au lieu du collier promis, il envoie

---

(1) Il ajoute pourtant : « Mais si tu devais ne pas te sentir assez sain, alors il est mieux de te résigner à vivre, sans mettre au monde d'autres malheureux. » *(Lettres,* 24 juin 1552)

(2) Le 16 mai 1553.

(3) *Lettres,* 20 mai 1553.

deux bagues à Cassandra, — l'une ornée d'un diamant, l'autre d'un rubis. Cassandra, en remerciement, lui envoie huit chemises. Michel-Ange écrit :

Elles sont belles, surtout la toile, et elles me plaisent fort. Mais je suis fâché que vous ayez fait cette dépense; car il ne me manquait rien. Remercie bien Cassandra pour moi, et dis-lui que je suis à sa disposition pour lui envoyer tout ce que je pourrai trouver ici, en fait d'articles romains ou autres. Cette fois, j'ai envoyé seulement une petite chose; une autre fois, nous ferons mieux, avec quelque objet qui lui fasse plaisir. Avertis-moi seulement. (1)

Viennent bientôt les enfants : le premier, appelé Buonarroto, (2) sur le désir de Michel-Ange, — le second, nommé Michelangelo, (3) qui meurt peu après sa naissance. Et le vieil oncle, qui invite le jeune couple à venir chez lui, à Rome, en 1556, ne cesse de prendre part affectueusement aux joies comme aux douleurs de la famille, mais sans jamais permettre aux siens de s'occuper de ses affaires, ni même de sa santé.

En dehors de ses relations de famille, Michel-Ange ne manqua point d'amitiés illustres ou distinguées. (4)

---

(1) *Lettres,* 5 août 1553.

(2) Né en 1554.

(3) Né en 1555.

(4) Il faut bien distinguer entre les périodes de sa vie. On trouve dans cette longue carrière des déserts de solitude, mais aussi quelques périodes d'amitiés. C'est, vers 1515, à Rome, un petit cercle de Florentins, libres et bons vivants : — Domenico Buoninsegni, Lionardo sellajo, Giovanni Spetiale, Bartolommeo Verazzano, Giovanni Gellesi, Canigiani. — C'est, un peu plus tard, sous le pontificat de Clément VII, la spirituelle société de Francesco Berni et de Fra Sebastiano del Piombo, ami dévoué mais dange-

Malgré son humeur sauvage, il serait tout à fait faux de se le représenter comme un paysan du Danube, à la façon de Beethoven. Il fut un aristocrate italien, de haute culture et de race fine. Depuis son adolescence passée dans les jardins de San Marco, auprès de Laurent le Magnifique, il resta en rapports avec tout ce que l'Italie comptait de plus noble parmi ses grands seigneurs, ses princes, ses prélats, (1) ses écrivains (2) et ses artistes. (3) Il faisait assaut d'esprit avec le poète

------

reux, qui rapportait à Michel-Ange tous les bruits qui couraient sur son compte et attisait son inimitié contre le parti de Raphaël. — C'est surtout au temps de Vittoria Colonna, le cercle de Luigi del Riccio, marchand florentin, qui le conseillait dans ses affaires et fut son ami le plus intime. Il rencontrait chez lui Donato Giannotti, le musicien Archadelt, et le beau Cecchino. Ils avaient l'amour commun de la poésie, de la musique et des bons plats. C'est pour Riccio, désespéré de la mort de Cecchino, que Michel-Ange écrit ses quarante-huit épigrammes funéraires ; et Riccio, pour l'envoi de chaque épigramme, expédie à Michel-Ange des truites, des champignons, des truffes, des melons, des tourterelles, etc. (Voir *Poésies*, édition Frey, LXXIII) — Après la mort de Riccio, en 1546, Michel-Ange n'eut plus guère d'amis, mais des disciples : Vasari, Condivi, Daniel de Volterre, Bronzino, Leone Leoni, Benvenuto Cellini. Il leur inspirait un culte passionné ; de son côté, il leur témoignait une affection touchante.

(1) Par ses fonctions au Vatican, non moins que par la grandeur de son esprit religieux, Michel-Ange fut particulièrement en relations avec les hauts dignitaires de l'Église.

(2) Il peut être curieux de noter, en passant, que Michel-Ange connut Machiavel. Une lettre de Biagio Buonaccorsi à Machiavel, le 6 septembre 1508, lui annonce qu'il lui a envoyé par Michel-Ange de l'argent d'une femme qui n'est pas nommée.

(3) Ce fut sans doute parmi les artistes qu'il eut le moins d'amis, — sauf à la fin de sa vie, où il était entouré de disciples qui l'adulaient. — Il avait peu de sympathie pour la plupart d'entre eux, et ne le leur cachait point. Il fut en fort mauvais termes avec Léonard de Vinci, Pérugin, Francia, Signorelli, Raphaël, Bramante, San Gallo. « Le jour soit maudit, où vous avez jamais dit du bien de personne ! » lui écrit Jacopo Sansovino, le 30 juin 1517. — Cela n'empêcha point Michel-Ange de rendre service plus tard à Sansovino (en 1524), et à bien d'autres : mais il avait un génie trop passionné pour aimer un autre idéal que le sien ; et il était trop

Francesco Berni; (1) il correspondait avec Benedetto
Varchi; il échangeait des poésies avec Luigi del Riccio
et avec Donato Giannotti. On recherchait sa conversation, ses aperçus profonds sur l'art, ses remarques
sur Dante, que personne ne connaissait comme lui. Une
dame romaine (2) écrivait qu'il était, quand il voulait,
« un gentilhomme de manières fines et séduisantes, et
tel qu'il existait à peine son pareil en Europe ». Les
dialogues de Giannotti et de François de Hollande montrent sa politesse exquise et l'habitude qu'il avait du
monde. On voit même, par certaines de ses lettres aux
princes, (3) qu'il lui eût été facile d'être un parfait
courtisan. Le monde ne l'a jamais fui : c'est lui qui le
tint à distance; il ne dépendit que de lui de mener une
vie triomphale. Il était pour l'Italie l'incarnation de
son génie. A la fin de sa carrière, dernier survivant de
la grande Renaissance, il la personnifiait, il était à lui
seul tout un siècle de gloire. Ce n'étaient pas seulement
les artistes qui le regardaient comme un être surna-

---

sincère pour feindre d'aimer ce qu'il n'aimait point. — Cependant, il se montra fort courtois pour Titien, lors de sa visite à
Rome, en 1545. — Mais à la société des artistes, dont la culture,
en général, laissait à désirer, il préférait celle des écrivains et des
hommes d'action.

(1) Ils échangèrent des épîtres en vers, amicales et burlesques.
(*Poésies*, LVII et CLXXII) Berni fit de Michel-Ange un éloge
magnifique, dans son *Capitolo a fra Sebastiano del Piombo*. Il dit
« qu'il était l'Idée en soi de la sculpture et de l'architecture, comme
Astrée était l'Idée de la justice, qui était toute bonté et toute intelligence ». Il l'appela un second Platon; et, s'adressant aux autres
poètes, il leur dit ce mot admirable, souvent cité : « Silence à vous,
instruments harmonieux! Vous dites des mots, lui seul dit des
choses. »
Ei dice cose, et voi dite parole...
(2) Dona Argentina Malaspina, en 1516.
(3) Surtout sa lettre à François premier, le 26 avril 1546

turel. (1) Les princes s'inclinaient devant sa royauté.
François Ier et Catherine de Médicis lui rendaient hommage. (2) Cosme de Médicis voulut le nommer séna-
teur; (3) et, quand il vint à Rome, (4) il le traita en
égal, le fit asseoir à côté de lui, l'entretint confi-
dentiellement. Le fils de Cosme, don Francesco de
Médicis, le reçut, sa barrette à la main, « témoignant
d'un respect sans bornes pour un homme aussi rare ». (5)
On n'honorait pas moins en lui son génie que « sa
grande vertu ». (6) Sa vieillesse fut entourée d'autant
de gloire que celle de Gœthe ou de Hugo. Mais il était
un homme d'un autre métal. Il n'avait ni la soif de
popularité de l'un, ni le respect bourgeois de l'autre,— si
libre qu'il fût, — pour le monde et pour l'ordre établi.
Il méprisait la gloire, il méprisait le monde; et s'il ser-
vait les papes, « c'était par contrainte ». Encore ne
cachait-il pas que « même les papes l'ennuyaient et le

---

(1) Condivi commence ainsi sa *Vie de Michel-Ange* :
« Depuis l'heure où le Seigneur Dieu, par sa grâce toute puissante, m'a jugé digne non seulement de voir Michelangelo
Buonarroti, le peintre et sculpteur unique, — ce que j'aurais à
peine eu l'audace d'espérer, — mais de jouir de ses entretiens, de
son affection et de sa confiance,— en reconnaissance d'un tel bienfait, j'ai entrepris de réunir tout ce qui me paraît dans sa vie digne
de louange et d'admiration, pour être utile aux autres par l'exemple
d'un tel homme. »

(2) François premier, en 1546; Catherine de Médicis, en 1559. Elle
lui écrivit de Blois, « sachant, avec le monde entier, combien il
était supérieur à n'importe qui dans ce siècle », pour le prier de
sculpter la statue équestre de Henri II, ou du moins, d'en faire le
dessin. (14 novembre 1559)

(3) En 1552. Michel-Ange ne répondit pas : — ce qui blessa le duc.
— Quand Benvenuto Cellini en reparla à Michel-Ange, celui-ci
répondit d'une façon sarcastique.

(4) En novembre 1560.

(5) En octobre 1561.

(6) Vasari. (A propos de la réception que Cosme fit à Michel-Ange)

fâchaient parfois, en causant avec lui et le faisant chercher », et que, « malgré leurs ordres, il négligeait de venir, quand il n'y était pas disposé ». (1)

Lorsqu'un homme est ainsi fait par la nature et par l'éducation qu'il haïsse les cérémonies et méprise l'hypocrisie, il n'y a pas de bon sens à ne pas le laisser vivre, comme il lui convient. S'il ne vous demande rien et ne cherche pas votre société, pourquoi cherchez-vous la sienne? Pourquoi voulez-vous l'abaisser à ces niaiseries, qui répugnent à son éloignement du monde? Celui-là n'est pas un homme supérieur, qui pense à plaire aux imbéciles, plutôt qu'à son génie. (2)

Il n'avait donc avec le monde que les relations indispensables, ou des rapports tout intellectuels. Il ne lui laissait pas accès dans son intimité; et les papes, les princes, les gens de lettres et les artistes tenaient peu de place dans sa vie. Même avec le petit nombre d'entre eux, pour qui il éprouvait une réelle sympathie, il était rare qu'il s'établît une amitié durable. Il aimait ses amis, il était généreux envers eux; mais sa violence, son orgueil, ses soupçons lui faisaient souvent de ceux qu'il avait le plus obligés, des ennemis mortels. Il écrivit, un jour, cette belle et triste lettre :

Le pauvre ingrat est ainsi fait, de nature, que si vous lui venez en aide dans sa détresse, il dit que lui-même vous a avancé ce que vous lui donnez. Si vous lui donnez du travail pour lui témoigner votre intérêt, il prétend que vous avez été forcé de lui confier ce travail, parce que vous n'y entendez rien. Tous les bienfaits qu'il reçoit, il dit que le bienfaiteur y a été obligé. Et si les bienfaits reçus sont si évidents qu'il est impossible de les nier, alors l'ingrat attend

---

1) François de Hollande : *Entretiens sur la peinture.*
(2) *Ibid.*

assez longtemps pour que celui dont il a reçu du bien
tombe dans une faute évidente; alors il a un prétexte de
dire du mal de lui et de se libérer de toute reconnaissance.
— Ainsi, on a toujours agi envers moi; et pourtant pas un
artiste ne s'est adressé à moi sans que je lui aie fait du
bien, et de tout mon cœur. Et puis ils prennent prétexte de
mon humeur bizarre, ou de la folie, dont ils prétendent
que je suis atteint et qui ne fait tort qu'à moi, pour dire
du mal de moi; et ils m'outragent : — c'est le lot de tous
ceux qui sont bons. (1)

*
* *

Dans sa propre maison, il avait des aides assez
dévoués, mais en général médiocres. On le soupçonnait
de les choisir médiocres à dessein pour n'avoir en eux
que des instruments dociles, et non des collaborateurs,
— ce qui, au reste, eût été légitime. Mais, dit
Condivi,

> il n'était pas vrai, comme beaucoup le lui repro-
> chaient, qu'il ne voulût pas instruire : au contraire, il le fai-
> sait volontiers. Malheureusement, la fatalité voulut qu'il
> tombât ou sur des sujets peu capables, ou sur des sujets
> capables, mais peu persévérants, qui, après quelques mois
> de son enseignement, se tenaient déjà pour des maîtres.

Il n'est pas douteux, d'ailleurs, que la première qualité qu'il exigeait de ses aides était une soumission
absolue. Autant il était impitoyable pour ceux qui affec-
taient à son égard une indépendance cavalière, autant
il eut toujours pour les disciples modestes et fidèles des
trésors d'indulgence et de générosité. Le paresseux

---

(1) A. Piero Gondi, 26 janvier 1524.

Urbano, « qui ne voulait pas travailler », (1) — et qui avait bien raison ; car, lorsqu'il travaillait, c'était pour gâter irrémédiablement par sa maladresse le *Christ* de la Minerve, — fut, pendant une maladie, l'objet de ses soins paternels ; (2) il appelait Michel-Ange : « cher comme le meilleur père ». — Piero di Giannoto fut « aimé comme un fils ». — Silvio di Giovanni Cepparello, sorti de chez lui pour entrer au service d'André Doria, se désole, et le supplie de le reprendre. — L'histoire touchante d'Antonio Mini est un exemple de la générosité de Michel-Ange envers ses aides. Mini, celui de ses disciples, qui, d'après Vasari, « avait bonne volonté, mais qui n'était pas intelligent, » aimait la fille d'une pauvre veuve de Florence. Sur le désir de ses parents, Michel-Ange l'éloigna de Florence. Antonio voulut aller en France. (3) Michel-Ange lui fit un don royal : « tous les dessins, tous les cartons, la peinture de la *Léda*, (4) tous les modèles qu'il avait faits pour elle, aussi bien en cire qu'en argile ». Muni de cette fortune, Antonio partit. (5) Mais la mauvaise chance qui frappait les projets de

------

(1) Vasari décrit ainsi les aides de Michel-Ange : « Pietro Urbano de Pistoie était intelligent, mais ne voulut jamais se donner de peine. Antonio Mini eût bien voulu ; mais il n'était pas intelligent. Ascanio della Ripa Transone se donna de la peine ; mais il n'arriva jamais à rien. »

(2) Michel-Ange s'inquiète de ses moindres bobos. Il s'intéresse à une coupure qu'Urbano s'est faite au doigt. Il veille à ce qu'il s'acquitte de ses devoirs religieux : « Va à confesse, travaille bien, fais attention à la maison... » *(Lettres,* 29 mars 1518)

(3) C'était déjà avec Antonio Mini que Michel-Ange avait voulu passer en France, après sa fuite de Florence, en 1529.

(4) Le tableau qu'il avait fait pendant le siège, pour le duc de Ferrare, mais qu'il refusa de lui donner, parce que l'ambassadeur de Ferrare lui avait manqué de respect.

(5) En 1531.

Michel-Ange frappa plus durement encore ceux de son humble ami. Il alla à Paris, pour montrer le tableau de la *Léda* au roi. François Ier était absent; Antonio laissa la *Léda* en garde chez un Italien de ses amis, Giuliano Buonaccorsi, et revint à Lyon où il s'était fixé. Quand il retourna à Paris, quelques mois plus tard, la *Léda* avait disparu : Buonaccorsi l'avait vendue, pour son compte, à François Ier. Antonio, affolé, sans ressources, incapable de se défendre, perdu dans cette ville étrangère, mourut de chagrin, à la fin de 1533.

Mais, de tous ses aides, celui que Michel-Ange aima le mieux et à qui son affection assura l'immortalité, fut Francesco d'Amadore, surnommé Urbino, de Castel Durante. Il était depuis 1530 au service de Michel-Ange, et il travailla sous ses ordres au tombeau de Jules II. Michel-Ange s'inquiétait de ce qu'il deviendrait après lui.

« Il lui disait : « Que feras-tu, si je meurs ? »

« Urbino répondit : « Je servirai un autre. »

« — O malheureux ! dit Michel-Ange, je veux remédier à ta misère. »

« Et il lui donna 2.000 écus d'un coup : un présent comme seuls les empereurs et les papes en peuvent faire. » (1)

Ce fut Urbino qui mourut le premier. (2) Le lendemain de sa mort, Michel-Ange écrivait à son neveu :

Urbino est mort, hier au soir, à quatre heures. Il m'a laissé si affligé et si troublé qu'il m'eût été plus doux de

---

(1) Vasari.

(2) Le 3 décembre 1555, peu de jours après la mort du dernier frère de Michel-Ange, Gismondo.

mourir avec lui, à cause de l'amour que je lui portais; et il le méritait bien: car c'était un digne homme, loyal et fidèle. Sa mort fait qu'il me semble ne plus vivre, et je ne puis retrouver la tranquillité.

Sa douleur était si profonde qu'elle se fait plus cuisante encore, trois mois après, dans une lettre célèbre à Vasari :

Messer Giorgio, mon cher ami, il se peut que j'écrive mal; cependant, en réponse à votre lettre, j'écrirai quelques mots. Vous savez qu'Urbino est mort, — ce qui est pour moi une peine très cruelle, mais aussi une grâce très grande que Dieu m'a faite. Cette grâce, c'est que lui qui, vivant, m'a gardé à la vie, mourant, m'a appris à mourir, non pas avec déplaisir, mais avec le désir de la mort. Je l'ai gardé vingt-six ans, et je l'ai toujours trouvé très sûr et très fidèle. Je l'avais enrichi; et maintenant que je comptais sur lui pour être le soutien de ma vieillesse, il m'est enlevé; et il ne me reste d'autre espérance que de le revoir en paradis, où Dieu, par la très heureuse mort qu'il lui a procurée, a bien montré qu'il devait être. Ce qui a été pour lui plus dur que la mort, ç'a été de me laisser vivant dans ce monde trompeur, et au milieu de tant d'inquiétudes. La meilleure partie de moi-même s'en est allée avec lui, et il ne me reste plus rien qu'une misère infinie. (1)

Dans son désarroi, il pria son neveu de venir le voir à Rome. Lionardo et Cassandra, inquiets de son chagrin, vinrent, et le trouvèrent fort affaibli. Il puisa une force nouvelle dans l'obligation que Urbino lui avait

____

(1) 23 février 1556.

Michel-Ange termine ainsi : « Je me recommande à vous, et vous prie de m'excuser auprès de messer Benvenuto (Cellini), si je ne réponds pas à sa lettre; mais ces pensées me causent tant de douleur que je suis incapable d'écrire. »

Voir aussi la poésie CLXII :

Et piango et parlo del mio morto Urbino...

imposée de se charger de la tutelle de ses fils, dont l'un était son filleul et portait son nom. (1)

* * *

. Il avait d'autres amitiés, étranges. Par ce besoin de réaction, si fort chez les natures robustes contre toutes les contraintes qu'impose la société, il aimait à s'entourer de gens simples d'esprit, qui avaient des saillies inattendues et de libres façons : des gens qui ne fussent pas comme tout le monde : — un Topolino, tailleur de pierres à Carrare, « qui s'imaginait être un sculpteur distingué, et qui n'eût jamais laissé partir pour Rome une barque, chargée de blocs de marbre, sans envoyer trois ou quatre petites figures modelées par lui, qui faisaient mourir de rire Michel-Ange »; (2) — un Menighella, peintre à Valdarno, « qui venait de temps en temps chez Michel-Ange, pour qu'il lui dessinât un saint Roch ou un saint Antoine, qu'il coloriait ensuite et vendait aux paysans. Et Michel-Ange, dont les rois avaient tant de peine à obtenir le moindre travail, laissait tout pour exécuter ces dessins, sur les indications de Menighella, entre autres, un *Crucifix* admirable »; (3) — un barbier, qui se mêlait de peinture, et pour qui il dessina le carton d'un

---

(1) Il écrivit à la femme d'Urbino, Cornelia, des lettres pleines d'affection, où il lui promettait de prendre chez lui le petit Michelangelo, « de lui montrer plus d'amour que même aux enfants de son neveu Lionardo, et de lui apprendre tout ce que Urbino désirait qu'il apprît ». (28 mars 1557) — Il ne pardonna pas à Cornelia de se remarier, en 1559.

(2) Voir dans Vasari le récit de ses facéties.

(3) *Ibid.*

saint François aux stigmates; — un de ses ouvriers romains, qui travaillait au tombeau de Jules II, et qui crut être devenu un grand sculpteur, sans y avoir pris garde, parce qu'en suivant docilement les indications de Michel-Ange, il avait fait sortir du marbre, à sa stupéfaction, une belle statue; — le facétieux orfèvre Piloto, dit Lasca; — le fainéant Indaco, ce peintre singulier, « qui aimait autant à bavarder, qu'il détestait de peindre », et qui avait coutume de dire que « travailler toujours sans prendre de plaisir était indigne d'un chrétien »; (1) — surtout, le ridicule et inoffensif Giuliano Bugiardini, pour qui Michel-Ange avait une sympathie spéciale.

Giuliano avait une bonté naturelle, une façon simple de vivre, sans méchanceté et sans envie, qui plaisait infiniment à Michel-Ange. Il n'avait d'autre défaut que d'aimer trop ses propres œuvres. Mais Michel-Ange avait coutume de l'estimer heureux pour cela; car il se trouvait lui-même très malheureux de ne pouvoir se satisfaire pleinement de rien... Une fois, messer Ottaviano de Médicis avait demandé à Giuliano de lui faire un portrait de Michel-Ange. Giuliano se mit à l'œuvre; et, après avoir tenu Michel-Ange assis deux heures, sans parler, il lui dit : « Michel-Ange, viens voir, lève-toi : l'essentiel de la physionomie, je l'ai déjà attrapé. » Michel-Ange se leva; et, quand il vit le portrait, il dit en riant à Giuliano : « Que diable as-tu fait? Tu m'as enfoncé un œil dans la tempe : regarde un peu. » Giuliano, à ces mots, fut hors de lui. Il regarda plusieurs fois le portrait et son modèle, alternativement; et il répondit hardiment : « Il ne me semble pas; mais remets-toi à ta place, et je le corrigerai, s'il y a lieu. » — Michel-Ange, qui savait ce qui en était, se replaça en souriant en face de Giuliano, qui le regarda à diverses reprises ainsi que sa peinture,

______

(1) Vasari.

puis se leva, et dit : « L'œil est tel que je l'ai dessiné, et la nature le montre ainsi. » — « Eh bien donc, fit Michel-Ange en riant, c'est une faute de la nature. Continue, et ne ménage pas la couleur. » (1)

Tant d'indulgence, dont Michel-Ange n'était pas coutumier avec les autres hommes, et qu'il prodiguait à ces petites gens, ne suppose pas moins d'humour railleuse qui s'égaye des ridicules humains, (2) que d'affectueuse pitié pour ces pauvres fous qui se croyaient de grands artistes et qui lui inspiraient peut-être un retour sur sa propre folie. Il y avait là bien de l'ironie mélancolique et bouffonne.

----

(1) Vasari.

(2) Comme presque toutes les âmes sombres, Michel-Ange avait parfois l'humeur bouffonne; et il écrivit des poésies burlesques, dans le goût de Berni. Mais sa bouffonnerie reste toujours rude, et tout près du tragique. Ainsi, sa lugubre caricature des infirmités de l'âge. *(Poésies, LXXXI)* Voir aussi sa parodie d'une poésie d'amour. *(Ibid., XXXVII)*

III

SOLITUDE

L'anima mia, che chon la morte parla... (1)

Ainsi, il vivait seul avec ces humbles amis : — ses aides et ses fous, — et avec d'autres amis plus humbles encore : ses animaux familiers, ses poules et ses chats. (2)

Au fond, il était seul, et il l'était de plus en plus. « Je suis toujours seul, écrivait-il à son neveu, en 1548, et je ne parle avec personne. » — Il s'était peu à peu séparé, non seulement de la société des hommes, mais de leurs intérêts mêmes, de leurs besoins, de leurs plaisirs, de leurs pensées.

La dernière passion qui le rattachât aux hommes de son temps, — la flamme républicaine, — s'était à son tour éteinte. Encore une fois, elle avait jeté une dernière lueur d'orage, au temps des deux graves maladies

---

(1) *Poésies,* CX.

(2) « Les poules et messer le coq triomphent, — lui écrit Angiolini, en 1553, pendant une de ses absences ; — mais les chats se désolent de ne plus vous voir, bien qu'ils ne manquent pas de pâture. »

de 1544 et 1546, quand Michel-Ange avait été recueilli par son ami Riccio dans la maison des Strozzi, républicains et proscrits. Michel-Ange, convalescent, fit prier Robert Strozzi, réfugié à Lyon, de rappeler au roi de France ses promesses : il ajoutait que si François Ier venait rétablir la liberté à Florence, il s'engageait à lui élever à ses frais une statue équestre en bronze sur la place de la Seigneurie. (1) — En 1546, il donna à Strozzi, en reconnaissance de l'hospitalité reçue, les deux *Captifs*, dont Strozzi fit présent à François Ier.

Mais ce n'était plus là qu'un accès de la fièvre politique, — le dernier. Dans quelques passages de ses Dialogues avec Giannotti, en 1545, il exprime à peu près les pensées de Tolstoy sur l'inutilité de la lutte et la non-résistance au mal :

C'est une grande présomption d'oser tuer quelqu'un, parce qu'on ne peut pas savoir sûrement si de sa mort sortira quelque bien et si de sa vie quelque bien ne fût pas sorti. Aussi je ne peux supporter ces hommes, qui croient qu'il n'est pas possible de produire le bien si on ne commence par le mal, c'est-à-dire par le meurtre. Les temps changent, de nouveaux événements surviennent, les désirs se transforment, les hommes se lassent... Et, au bout du compte, il arrive toujours ce qu'on n'avait point prévu.

Le même Michel-Ange qui avait fait l'apologie du tyrannicide s'irritait à présent contre les révolutionnaires, qui s'imaginent changer le monde avec un acte. Il savait bien qu'il avait été de ceux-là; et c'est lui-même qu'il condamnait amèrement. Comme Hamlet, il doutait de tout maintenant, de ses pensées, de ses haines,

---

(1) Lettre de Riccio à Ruberto di Filippo Strozzi. (21 juillet 1544)

et de tout ce qu'il avait cru. Il tournait le dos à l'action.

« Ce brave homme, écrivait-il, qui répondait à quelqu'un : « Je ne suis pas un homme d'État, je suis un honnête homme et un homme de bon sens », — celui-là disait vrai. Si seulement mes travaux de Rome me donnaient aussi peu de soucis que les affaires des États ! » (1)

La vérité, c'est qu'il ne haïssait plus. Il ne pouvait plus haïr. Il était trop tard :

> *Ahime, lasso chi pur tropp' aspetta,*
> *Ch' i' gionga a suoi conforti tanto tardj!*
> *Ancor, se ben riguardj,*
> *Un generoso, alter' e nobil core*
> *Perdon' et porta a chi l'offend' amore.* (2)

Malheur à moi, fatigué d'une trop longue attente, malheur à moi, qui parviens trop tard à ce que j'avais désiré! Et maintenant, ne le sais-tu pas? Un généreux, fier et noble cœur pardonne, et offre à qui l'offense, amour.

***

Il habitait au Macel de' Corvi, sur le forum de Trajan. Il avait là une maison, avec un petit jardin. Il l'occupait avec un valet, (3) une servante, et ses animaux familiers. Il n'avait pas la main heureuse, avec ses do-

---

(1) Lettre à Lionardo, son neveu (1547).

(2) *Poésies*, CIX, 64.
Michel-Ange suppose ici un dialogue du poète avec un banni florentin. — Il est possible qu'il ait écrit cette poésie après l'assassinat d'Alexandre de Médicis par Lorenzino, en 1536. — Elle parut pour la première fois, en 1543, avec la musique de Giacomo Archadelt.

(3) Parmi ses domestiques, je note, à titre de curiosité, un Français, Richard, *Riccardo franzese.* (18 juin 1552. — *Ricordi,* page 606)

mestiques. « Ils étaient tous négligents et malpropres »,
dit Vasari. Il en changeait souvent et s'en plaignait
amèrement. (1) Il n'eut pas moins de démêlés avec
eux que Beethoven ; et ses *Ricordi* (Notes), comme les
Cahiers de conversation de Beethoven, gardent encore la
trace de ces querelles de ménage : — « Oh ! qu'elle n'ait
jamais été ici ! » écrit-il, en 1560, après avoir renvoyé
une servante, Girolama.

Sa chambre était sombre comme un tombeau. (2)
« Les araignées y créaient mille travaux et dévidaient
leurs petits fuseaux. » (3) — Au milieu de l'escalier, il
avait peint la Mort, portant sur l'épaule un cercueil. (4)

Il vivait comme un pauvre, mangeait à peine, (5) et,

---

(1) « Je voudrais, écrit-il à Lionardo, une servante qui fût bonne
et propre ; mais c'est bien difficile : elles sont toutes sales et débau-
chées. *(Son tutte puttane e porche)...* Je donne dix jules par mois.
Je vis pauvrement ; mais je paie bien. » *(Lettres, 16 août 1560)*

(2) *La mia scura tomba... (Poésies, LXXXI)*

(3)   *Dov' è Aragn' e mill' opre et lavoranti*
        Et fan di lor filando fusaiuolo. (Ibid.)

(4) Sur le cercueil était cette épitaphe :
      Io dico a voi, ch' al mondo avete dato
      L'anima e 'l corpo e lo spirto 'nsieme :
      In questa cassa oscura è 'l vostro lato.
                        (Ibid., CXXXVII)

« Je vous le dis, à vous qui avez donné au monde l'âme, le
corps et l'esprit à la fois : dans cette caisse obscure vous tenez
tout entiers. »

(5) « Il était très sobre. Quand il était jeune, il se contentait d'un
peu de pain et de vin, pour pouvoir se consacrer tout entier au
travail. Dans sa vieillesse, depuis le temps où il fit *le Jugement
Dernier*, il s'habitua à boire un peu, mais seulement le soir, quand
le travail du jour était terminé, et de la façon la plus modérée.
Bien qu'il fût riche, il vivait comme un pauvre. Jamais, ou rare-
ment, un ami mangeait avec lui : il ne voulait non plus accepter
des présents de personne ; car il se regardait ainsi pour toujours
comme l'obligé du donateur. Sa sobriété fut cause qu'il fut toujours très éveillé, et qu'il avait besoin de très peu de sommeil. »
(Vasari)

« ne pouvant dormir, il se relevait, la nuit, pour travailler avec le ciseau. Il s'était fabriqué un casque de carton, et il portait au milieu, sur sa tête, une chandelle allumée, qui, de cette façon, sans lui gêner les mains, éclairait son travail ». (1)

A mesure qu'il devenait plus vieux, il s'enveloppait de plus de solitude ; ce lui était un besoin, quand tout dormait dans Rome, de se réfugier dans le travail nocturne. Le silence lui était un bienfait, et la nuit une amie :

O nuit, ô doux temps, bien que sombre, où tout effort finit par atteindre la paix, qui t'exalte voit bien et comprend bien; et qui t'honore a son plein jugement. Tu tranches de tes ciseaux toute pensée fatiguée, que l'ombre humide et le repos pénètrent; et d'ici-bas souvent tu me portes en rêve là haut, où j'espère aller. O ombre de la mort, par qui s'arrête toute misère ennemie de l'âme et du cœur, suprême et bon remède des affligés, tu rends la santé à notre chair malade, tu sèches nos pleurs, tu nous décharges de nos fatigues, et tu laves les bons de la haine et du dégoût. (2)

Vasari fit visite, une nuit, au vieil homme, seul, dans

---

(1) Vasari, remarquant qu'il n'employait pas de la cire, mais des chandelles en suif de chèvre, lui en envoya quarante livres. Le serviteur de Michel-Ange les lui apporta; mais Michel-Ange refusa de les accepter. Le serviteur dit : « Maître, j'ai les bras rompus de les avoir portées, et je n'ai pas envie de les reporter. Si vous n'en voulez pas, je vais les planter dans le bourbier de boue sèche, qui est devant la maison, et je les allumerai toutes. » Alors Michel-Ange répliqua : « Mets-les donc là; car je ne veux pas que tu fasses des folies devant ma porte. » (Vasari)

(2) Voir aux *Annexes*, XXIII. *(Poésies,* LXXVIII)
Frey date cette poésie d'environ 1546, au temps du *Jugement Dernier* et de la Chapelle Pauline. — Grimm la reporte un peu plus tard, vers 1554.
Un autre sonnet sur la nuit, — *(Poésies,* LXXVII) — est de la plus grande beauté poétique, mais plus littéraire, et un peu précieux.

sa maison déserte, en tête à tête avec sa tragique *Pietà*
et ses méditations :

Quand Vasari frappa, Michel-Ange se leva et vint à la
porte, un chandelier à la main. Vasari voulut contempler la
sculpture; mais Michel-Ange laissa la lumière tomber et
s'éteindre, afin qu'il ne pût rien voir. Et pendant qu'Urbino
allait en chercher une autre, le maître se tourna vers
Vasari, et dit : « Je suis si vieux que souvent la mort me
tire par mes chausses, pour que je vienne avec elle. Un jour,
mon corps tombera, comme ce flambeau, et, comme lui,
s'éteindra la lumière de ma vie. »

L'idée de la mort l'absorbait, de jour en jour plus
sombre et plus attirante.

« Aucune pensée n'est en moi, disait-il à Vasari, où
la mort ne soit creusée au ciseau. » (1)

Elle lui semblait maintenant le seul bonheur de la
vie :

Quand mon passé m'est présent, — et cela m'arrive à
toute heure, — ô monde faux, alors je connais bien l'erreur
et la faute de la race humaine. Celui qui finit par consentir
à tes flatteries et à tes vaines délices prépare à son âme de
douloureux chagrins. Il le sait bien, celui qui en a fait
l'épreuve, combien souvent tu promets la paix et le bien
que tu n'as pas et que tu n'auras jamais. Aussi le moins
favorisé est celui qui demeure le plus longtemps ici-bas;
et qui moins longtemps vit, plus aisément retourne au
Ciel... (2)

Conduit par beaucoup d'années à ma dernière heure, je
reconnais bien tard, ô monde, tes délices. Tu promets la
paix que tu n'as pas; tu promets le repos, qui meurt avant
la naissance... Je le dis et le sais par expérience : celui-là

---

(1) « *Non nasce in me pensiero che non vi sia dentro sculpita la
morte.* » (*Lettres*, 22 juin 1555)

(2) Voir aux *Annexes*, XXIV. (*Poésies*, CIX, 32)

seul est élu du ciel, dont la mort suit de près la naissance. (1)

. Son neveu, Lionardo, fêtant la naissance de son fils,
Michel-Ange le blâma sévèrement :

Cette pompe me déplaît. Il n'est pas permis de rire, quand
le monde entier pleure. C'est manquer de sens que de faire
une telle fête pour quelqu'un qui vient de naître. Il faut
réserver son allégresse pour le jour où meurt un homme
qui a bien vécu. (2)

Et il le félicita, l'année suivante, d'avoir perdu un
second fils en bas âge.

*
* *

La Nature, que sa fièvre de passions et son génie
intellectuel avait jusque-là négligée, (3) fut, dans ses
dernières années, une consolatrice pour lui. En septembre 1556, fuyant Rome menacée par les troupes
espagnoles du duc d'Albe, il passa par Spolète et il y
resta cinq semaines, au milieu des bois de chênes et
d'oliviers, se laissant pénétrer par la splendeur sereine

---

(1) *Annexes*, XXV. *(Poésies*, CIX, 34)

(2) Lettre à Vasari, datée : « Je ne sais quel jour d'avril 1554 ». *(A
di non so quanti d'aprile 1554.)*

(3) Il avait toujours prêté assez peu d'attention à la nature, malgré
les années qu'il passa hors des villes, à Carrare, ou à Seravezza. Le
paysage tient une place infime dans son œuvre ; il se réduit à
quelques indications abrégées, presque schématiques, dans les
fresques de la Sixtine. En cela, Michel-Ange est à part de ses
contemporains : de Raphaël, de Titien, de Pérugin, de Francia, de
Léonard. Il méprisait les paysages des artistes flamands, alors fort
à la mode : « des chiffons, disait-il, des masures, des champs très
verts ombragés d'arbres, des rivières et des ponts, — ce qu'on
appelle paysages, — et beaucoup de figures par ci, par là ». *(Dialogues* de François de Hollande)

de l'automne. Ce ne fut qu'à regret qu'il revint à Rome, où il était rappelé, à la fin d'octobre. — « J'ai laissé là-bas plus de la moitié de moi-même, écrivait-il à Vasari; car véritablement la paix ne se trouve que dans les bois. »

Pace non si trova senon ne boschi. (1)

Et, de retour à Rome, le vieillard de quatre-vingt-deux ans composa une belle poésie à la gloire des champs et de la vie champêtre, qu'il opposait aux mensonges des villes : ce fut sa dernière œuvre poétique, et elle a toute la fraîcheur de la jeunesse. (2)

Mais dans la Nature, comme dans l'art, comme dans l'amour, c'était Dieu qu'il cherchait, et dont il s'approchait, chaque jour, davantage. Il avait toujours été croyant. S'il n'était dupe ni des prêtres, ni des moines, ni des dévots et des dévotes, et si, à l'occasion, il les raillait rudement, (3) il n'y eut jamais, semble-t-il, le

---

(1) *Lettres*, 28 décembre 1556.

(2) Je veux parler de la très longue poésie, inachevée, de cent quinze vers, qui débute ainsi :

> *Nuovo piacere e di magiore stima*
> *Veder l'ardite capre sopr' un sasso*
> *Montar, pasciendo òr questa or quella cima...*
> (*Poésies*, CLXIII, pages 249-253 de Frey)

« C'est un nouveau plaisir et toujours plus goûté, de voir les chèvres hardies monter sur un rocher, paissant tantôt sur l'une, tantôt sur l'autre pointe... »

Je suis ici l'interprétation de Frey, qui date la poésie d'octobre à décembre 1556. Thode est d'un autre avis, et l'attribue à la jeunesse de Michel-Ange; mais il n'en donne pas, à mon sens, de raison suffisante.

(3) En 1548, dissuadant son neveu, Lionardo, de faire un pèlerinage à Lorette, il lui conseille de dépenser plutôt l'argent en aumônes. « Car si on apporte de l'argent aux prêtres, Dieu sait ce qu'ils en font! » (7 avril 1548)

Sébastien del Piombo ayant à peindre un moine à San Pietro in Montorio, Michel-Ange pense que ce moine gâtera tout : — « Les

moindre doute dans sa foi. Lors des maladies ou de la
mort de son père et de ses frères, le premier de ses
soucis fut toujours qu'ils reçussent les sacrements. (1)
Il avait une confiance sans bornes dans la prière; « il
y croyait plus qu'en toutes les médecines »; (2) il attribuait à son intercession tout le bien qui lui était arrivé
et le mal qui ne lui était pas arrivé. Il avait, dans sa
solitude, des crises d'adoration mystique. Le hasard
nous a conservé le souvenir de l'une d'elles : un récit
contemporain nous montre le visage extatique du héros
de la Sixtine, seul, priant, la nuit, dans son jardin de
Rome, et implorant de ses yeux douloureux le ciel
étoilé. (3)

---

moines ont perdu le monde qui est si grand; il ne serait donc
pas surprenant qu'ils perdissent une petite chapelle. »

A l'époque où Michel-Ange cherchait à marier son neveu, une
dévote vint le trouver : elle lui fit un sermon, l'exhorta à la
piété, et lui offrit pour Lionardo une fille pieuse, qui était dans les
bons principes. « Je lui ai répondu, écrit Michel-Ange, qu'elle ferait
mieux de s'occuper à tisser et à filer, que de tourner ainsi autour
des gens, et de faire des marchandages avec les choses saintes. »
(*Lettres,* 19 juillet 1549)

Il écrivit d'âpres poésies, d'un sentiment savonaroliste, contre
les sacrilèges et les simonies de Rome. Ainsi, le sonnet :

> *Qua si fa elmj di chalicj e spade,*
> *E 'l sangue di Christo si vend' a giumelle...*

« Là, avec les calices, on se fait des épées et des heaulmes; et le
sang du Christ se vend à deux mains... » (*Poésies,* X, vers 1512)

(1) Lettre à Buonarroto, au sujet d'une maladie de son père.
(23 novembre 1516) — Lettre à Lionardo, au sujet de la mort de
Giovan Simone. (Janvier 1548) : — « Il me serait agréable de savoir s'il s'est confessé et s'il a bien reçu les sacrements. Si je
savais qu'il en était ainsi, je souffrirais moins... »

(2) « *Più credo agli orazioni che alle medicine.* » (Lettre à Lionardo,
25 avril 1549)

(3) « ...En l'an du Seigneur 1513, la première année du pontificat
de Léon X, Michel-Ange, qui se trouvait alors à Rome, — et je crois,
si je ne me trompe, que c'était en automne, — une nuit, en
plein air, dans un jardin de sa maison, priait et levait les
yeux au ciel. Soudain, il vit un météore merveilleux, un signe

Il n'est pas vrai, comme on a voulu le faire croire, (1)
que sa foi ait été indifférente au culte des saints et de
la Vierge. Ce serait une plaisante idée que de faire un
protestant de l'homme qui consacra les vingt dernières
années de sa vie à bâtir le temple de l'apôtre Pierre,
et dont la dernière œuvre, interrompue par la mort,
fut une statue de saint Pierre. On ne peut oublier qu'à
diverses reprises, il voulut entreprendre de grands pèleri-
nages, en 1545 à Saint-Jacques de Compostelle, en 1556 à
Lorette, et qu'il faisait partie de la confrérie San Giovanni
Decollato (Saint-Jean-Baptiste). — Mais il est vrai que,
comme tout grand chrétien, c'est en Christ qu'il vécut et
qu'il mourut. (2) « Je vis pauvre avec Christ », écrivait-il
à son père, dès 1512 ; et, mourant, il pria qu'on le fît
souvenir des souffrances du Christ. Depuis l'amitié,
— surtout depuis la mort, — de Vittoria Colonna, cette
foi prit un caractère plus exalté. En même temps que
son art se consacrait à peu près exclusivement à la
gloire de la Passion du Christ, (3) sa poésie s'abîmait

-----

triangulaire, avec trois rayons : — l'un, qui s'en allait vers l'Est,
brillant et lisse, comme une lame d'épée polie ; et à la fin, il se
recourbait en crochet ; — l'autre, couleur de rubis, bleu rouge, qui
s'étendait sur Rome ; — et l'autre, couleur de feu, fourchu, et
de telle longueur qu'il atteignait jusqu'à Florence... Quand
Michel-Ange eut vu ce signe divin, il alla dans sa maison chercher
une feuille, une plume et de la couleur ; il dessina l'apparition ; et,
quand il eut fini, le signe disparut... »
(Fra Benedetto : *Vulnera diligentis*, troisième partie. Mss.
Riccardianus 2985. — Cité par Thode, d'après Villari)

(1) Henry Thode.

(2) Quand Leone Leoni, en 1560, grava une médaille à l'effigie
de Michel-Ange, celui-ci lui fit tracer sur le revers un aveugle, conduit par un chien, avec l'inscription : *Docebo iniquos vias tuas et
impii ad te convertentur.* (Vasari)

(3) *Crucifix, Ensevelissement du Christ, Déposition de croix,
Pietà.*

dans le mysticisme. Il reniait l'art et se réfugiait dans les grands bras ouverts du Crucifié:

Le cours de ma vie est arrivé, sur la mer orageuse, par une fragile barque, au port commun où l'on débarque pour rendre compte et raison de toute œuvre pie et impie. Aussi, l'illusion passionnée qui me fit de l'art une idole et un monarque, je connais aujourd'hui combien elle était chargée d'erreurs; et je vois clairement ce que tout homme désire pour son mal. Les pensées amoureuses, les pensées vaines et joyeuses, que sont-elles à présent que je m'approche de deux morts? De l'une je suis certain, et l'autre me menace. Ni peinture ni sculpture ne sont plus capables d'apaiser l'âme, tournée vers cet amour divin, qui ouvre, pour nous prendre, ses bras sur la croix. (1)

Mais la fleur la plus pure que la foi et la souffrance firent pousser dans ce vieux cœur malheureux fut la divine charité.

Cet homme, que ses ennemis accusaient d'avarice, (2)

---

(1) *Annexes,* XXVI. *(Poésies,* CXLVII)
Ce sonnet, que Frey juge, non sans raison, le plus beau de tous ceux de Michel-Ange, date de 1555-1556.
Un grand nombre d'autres poésies expriment, avec une moindre beauté de forme, mais non moins d'émotion et de foi, un sentiment analogue. Voir aux *Annexes,* XXVII.

(2) Ces bruits étaient mis en circulation par l'Arétin et par Bandinelli. L'ambassadeur du duc d'Urbin racontait à qui voulait l'entendre, en 1542, que Michel-Ange était devenu immensément riche, en prêtant à usure l'argent qu'il avait reçu de Jules II, pour le monument qu'il n'avait pas exécuté. — Michel-Ange avait donné prétexte, dans une certaine mesure, à ces accusations, par la dureté qu'il montra parfois en affaires, — [par exemple, avec le vieux Signorelli, qu'il poursuivit en 1518, pour un emprunt fait en 1513], — et par une rapacité instinctive de paysan thésauriseur, qui s'alliait en lui à sa générosité naturelle. Il amassait de l'argent et des biens; mais c'était, pour ainsi dire, d'un geste machinal et héréditaire. En réalité, il était d'une extrême négligence en affaires;

ne cessa, toute sa vie, de combler de ses libéralités les malheureux, connus et inconnus. Non seulement il témoigna toujours la plus touchante affection pour ses vieux serviteurs et pour ceux de son père, — pour une certaine Mona Margherita, qu'il recueillit après la mort du vieux Buonarroti, et dont la mort lui causa « plus de peine que si c'était une sœur », (1) — pour un humble menuisier, qui avait travaillé à l'échafaudage de la Chapelle Sixtine, et dont il dota la fille... (2) Mais il donnait constamment aux pauvres, surtout aux pauvres honteux. Il aimait à associer à ces aumônes son neveu et sa nièce, à leur en inspirer le goût, à les faire accomplir par eux, sans le nommer lui-même : car il voulait que sa charité demeurât secrète. (3) « Il aimait mieux

---

il ne tenait aucun compte ; il ne savait pas ce qu'il avait, et il donnait à pleines mains. Sa famille ne cessa de puiser dans son capital. Il faisait des présents royaux à ses amis, à ses serviteurs. La plupart de ses œuvres ont été données, non vendues ; il travailla gratuitement à Saint-Pierre. Personne ne condamna plus sévèrement que lui l'amour de l'argent : — « L'avidité au gain est un très grand péché », écrit-il à son frère Buonarroto. — Vasari proteste avec indignation contre les calomnies des ennemis de Michel-Ange. Il rappelle tout ce que son maître a donné : — à Tommaso dei Cavalieri, à Bindo Altoviti, à Sebastiano del Piombo, à Gherardo Perini, des dessins sans prix ; à Antonio Mini, la *Léda*, avec tous les cartons et tous les modèles ; à Bartolommeo Bettini, une admirable *Vénus avec Cupidon qui la baise ;* au marquis del Vasto, un *Noli me tangere ;* à Roberto Strozzi, les deux *Esclaves ;* à son serviteur Antonio, *la Déposition de Croix*, etc. — « Je ne sais pas, conclut-il, comment on peut traiter d'avare cet homme qui faisait largesse de telles œuvres, valant des milliers d'écus. »

(1) Lettres à Giovan Simone (1533), — à Lionardo Buonarroti. (Novembre 1540)

(2) Vasari.

(3) « Il me semble que tu négliges trop l'aumône », écrit-il à Lionardo (1547).

« Tu m'écris que tu veux donner à cette femme quatre écus d'or, pour l'amour de Dieu : cela me plaît. » (Août 1547)

« Fais attention à donner là où il y a un vrai besoin, et à ne pas

faire le bien, que paraître le faire. » (1) — Par un trait d'exquise délicatesse, il pensait surtout aux jeunes filles pauvres : il cherchait à leur faire remettre en cachette de petites dots, pour leur permettre de se marier, ou d'entrer au couvent.

« Tâche donc de connaître un bourgeois dans le besoin, qui ait une fille à marier ou à mettre au couvent, écrit-il à son neveu. (Je parle, — ajoute-t-il, — de ceux qui, dans le besoin, ont honte d'aller mendier.) Donne-lui l'argent que je t'envoie, mais en secret; et fais en sorte de ne pas te laisser tromper... » (2)

Et ailleurs :

« Informe-moi si tu connais encore quelque autre noble bourgeois dans un très grand besoin, surtout s'il a des filles à la maison; il me serait agréable de lui faire quelque bien, pour le salut de mon âme. » (3)

---

donner par amitié, mais par amour de Dieu... Ne dis pas d'où vient l'argent. » (29 mars 1549)

« Vous n'avez à faire aucune mention de moi. » (Septembre 1547)

« Il me serait plus agréable que tu consacres l'argent que tu dépenses en cadeaux pour moi, à des aumônes, pour l'amour de Dieu; car je crois qu'il y a bien de la misère parmi vous. » (1558)

« Vieux comme je suis, je voudrais faire un peu de bien en aumônes. Car je ne puis et ne sais pas faire de bien d'une autre façon. » (18 juillet 1561)

(1) Condivi.

(2) Lettre à Lionardo. (Août 1547)

(3) *Ibid.* (20 décembre 1550)

Ailleurs, il s'informe d'un des Cerretani, qui a une fille à mettre au couvent. (29 mars 1549) — Sa nièce Cecca intercède auprès de lui pour une pauvre fille, qui entre au couvent; et il lui envoie, tout heureux, la somme qu'elle demande. (A Lionardo, 31 mai 1556)

« Epouser une jeune fille pauvre, dit-il quelque part, est aussi une façon de faire l'aumône. »

ÉPILOGUE

LA MORT

.......Et l'osteria
È morte...... (1)

La mort, tant désirée et si lente à venir, —

c'a miseri la morte è pigra e tardi... (2)

vint.

Malgré une robuste constitution, que maintint la rigueur monacale de sa vie, il n'avait pas été épargné par la maladie. Jamais il ne s'était entièrement relevé des deux fièvres pernicieuses de 1544 et de 1546; la pierre, (3) la goutte, (4) et des souffrances de toute sorte achevèrent de le ruiner. Dans une poésie tristement burlesque de ses dernières années, il fait la peinture de son misérable corps, rongé par les infirmités :

Je vis seul et misérable, renfermé comme la moelle dans l'écorce de l'arbre... Ma voix est comme une guêpe prison-

______

(1) *Poésies*, LXXXL
2)   « Car, pour les malheureux, la mort est paresseuse... »
Poésies, LXXIII, 3o.
(3) En mars 1549 : on lui conseilla les eaux de Viterbe, dont il se trouva bien. (Lettres à Lionardo) — Il souffrit encore de la pierre en juillet 1559.
(4) En juillet 1555.

nière dans un sac de peau et d'os... Mes dents branlent comme les touches d'un instrument de musique... Ma face est un épouvantail... Mes oreilles ne cessent de bourdonner : dans l'une, une araignée tisse sa toile ; dans l'autre, un grillon chante toute la nuit... Mon catarrhe, qui râle, ne me laisse pas dormir... Voilà à quelle fin m'a conduit l'art, qui m'octroya la gloire. Pauvre vieux écrasé, je suis anéanti, si la mort ne vient vite à mon secours... Les fatigues m'ont écartelé, déchiré, brisé, et l'hôtellerie qui m'attend, — est la mort... (1)

« Mon cher messer Giorgio, écrivait-il à Vasari, en juin 1555, vous reconnaîtrez à mon écriture que je suis arrivé à la vingt-quatrième heure... » (2)

Vasari, qui vint le voir au printemps de 1560, le trouva extrêmement affaibli. Il sortait à peine, ne dormait presque plus ; et tout faisait présumer qu'il ne vivrait plus longtemps. En devenant plus faible, il devenait plus tendre et pleurait facilement.

« Je suis allé voir mon grand Michel-Ange, écrit Vasari. Il ne s'attendait pas à ma venue, et m'a témoigné autant d'émotion qu'en éprouverait un père, en retrouvant son fils perdu. Il m'a jeté ses bras autour du cou et m'a embrassé mille fois, en pleurant de plaisir. » *(lacrymando per dolcezza)* (3)

Il n'avait rien perdu pourtant de sa lucidité d'esprit et de son énergie. Dans cette même visite que raconte Vasari, il causa longuement avec lui de divers sujets

---

(1) Traduction libre : — (Voir aux *Annexes*, XXVIII) *(Poésies, LXXXI)*

(2) Lettre à Vasari. (22 juin 1555) — « Non seulement je suis vieux, écrivait-il déjà à Varchi, en 1549, mais je compte parmi les morts. » *(Non solo son vecchio, ma quasi nel numero de' morti.)*

(3) Lettre de Vasari à Cosme de Médicis. (8 avril 1560)

artistiques, il lui donna des conseils pour ses travaux, et il l'accompagna à cheval à Saint-Pierre. (1)

Au mois d'août 1561, il eut une attaque. Il avait dessiné, trois heures de suite, les pieds nus, quand il fut pris subitement de douleurs et tomba en convulsions. Son serviteur Antonio le trouva sans connaissance. Cavalieri, Bandini et Calcagni accoururent. Quand ils arrivèrent, Michel-Ange était revenu à lui. Quelques jours après, il recommençait à sortir à cheval, et travaillait aux dessins de la *porta Pia*. (2)

L'intraitable vieillard n'admettait pas, sous quelque prétexte que ce fût, qu'on s'occupât de lui. C'était un tourment continuel pour ses amis de le savoir seul, à la merci d'une nouvelle attaque, avec des domestiques négligents et peu scrupuleux.

L'héritier, Lionardo, avait reçu jadis de si rudes rebuffades, quand il avait voulu venir à Rome, pour la santé de son oncle, qu'il n'osait plus s'y risquer. En juillet 1563, il lui fit demander par Daniel de Volterre s'il lui serait agréable de le voir; et, pour prévenir les soupçons que sa venue intéressée aurait pu inspirer à l'esprit défiant de Michel-Ange, il fit ajouter que ses affaires allaient bien, qu'il était riche, et qu'il n'avait plus besoin de rien. Le malin vieux lui fit répondre que, puisqu'il en était ainsi, il en était enchanté, et qu'il donnerait le peu qu'il possédait aux pauvres.

Un mois plus tard, Lionardo, très peu satisfait de la

---

(1) Il avait quatre-vingt-cinq ans.

(2) Ce fut alors qu'il se souvint du contrat conclu, soixante ans avant, avec les héritiers de Pie III, pour l'autel Piccolomini de Sienne, et qu'il voulut l'exécuter.

réponse, revint à la charge, et lui fit exprimer les inquiétudes qu'il éprouvait au sujet de sa santé et de son entourage. Cette fois, Michel-Ange lui expédia une lettre furibonde, qui montre l'étonnante vitalité de cet homme, à quatre-vingt-huit ans, — six mois avant sa mort :

Je vois d'après ta lettre que tu ajoutes foi à certains envieux coquins, qui, parce qu'ils ne peuvent pas me voler, ni faire de moi ce qu'ils veulent, t'écrivent un tas de mensonges. C'est un ramassis de gredins ; et tu es si bête que tu as foi en eux au sujet de mes affaires, comme si j'étais un enfant. Envoie-les promener : ce sont des gens qui n'apportent avec eux que des ennuis, qui ne font qu'envier, et qui mènent une vie de gueux. Tu m'écris que je souffre sous le rapport du service ; et moi, je te dis qu'en ce qui concerne le service, je ne pourrais pas être plus fidèlement servi, ni mieux traité à tous égards. Et quant aux craintes de vol auxquelles tu fais allusion, je te dis que les gens qui sont dans ma maison sont tels que je puis être en paix là dessus et avoir confiance en eux. Donc, pense à toi-même, et ne pense pas à mes affaires ; car je sais me défendre en cas de besoin, et je ne suis pas un enfant. Porte-toi bien ! (1)

Lionardo n'était pas seul à s'inquiéter pour l'héritage. L'Italie tout entière était l'héritière de Michel-Ange, — surtout le duc de Toscane et le pape, qui tenaient à ne point perdre les dessins et les plans relatifs aux constructions de Saint-Laurent et de Saint-Pierre. En juin 1563, sur l'instigation de Vasari, le duc Cosme chargea son ambassadeur, Averardo Serristori, d'agir secrètement auprès du pape pour que, vu l'affaiblissement physique de Michel-Ange, on exer-

---

(1) Lettre à Lionardo. (21 août 1563)

çât une surveillance attentive sur sa domesticité et sur tous ceux qui fréquentaient sa maison. En cas de mort subite, on devait aussitôt dresser l'inventaire de tous ses biens : dessins, cartons, papiers, argent, et veiller à ce que rien ne fût emporté, dans le premier désordre Des mesures furent prises, à cet effet. Il va sans dire qu'on se garda bien d'en rien laisser savoir à Michel-Ange. (1)

Ces précautions ne furent pas inutiles. L'heure était venue.

La dernière lettre de Michel-Ange est du 28 décembre 1563. Depuis un an, il n'écrivait presque plus lui-même; il dictait et signait; Daniel de Volterre tenait sa correspondance.

Il travaillait toujours. Le 12 février 1564, il passa tout le jour, debout, à sa *Pietà*. (2) Le 14, il fut pris de fièvre. Tiberio Calcagni, prévenu, accourut, et ne le trouva pas chez lui. Malgré la pluie, il était allé se promener à pied, dans la Campagne. Quand il revint, Calcagni lui dit que ce n'était pas raisonnable, qu'il n'eût pas dû sortir par un temps pareil.

— « Que voulez-vous? — répondit Michel-Ange. — Je suis malade, et je ne puis nulle part trouver de repos. »

L'incertitude de sa parole, son regard, la couleur de son visage, rendirent Calcagni très inquiet. « La fin peut ne pas venir tout de suite, écrivit-il aussitôt à Lionardo; mais je crains fort qu'elle ne soit pas loin. » (3)

---

(1) Vasari.

(2) Il s'agit de la *Pietà* inachevée du palais Rondanini. — (Lettre de Daniel de Volterre à Lionardo, 11 juin 1564.)

(3) Lettre de Tiberio Calcagni à Lionardo, 14 février 1564.

Le même jour, Michel-Ange fit prier Daniel de Volterre de venir et de rester auprès de lui. Daniel manda le médecin, Federigo Donati; et, le 15 février, il écrivit à Lionardo, sur la demande de Michel-Ange, qu'il pouvait venir le voir, « mais en prenant toutes ses précautions; car les chemins étaient mauvais ». (1)

Je viens de le laisser,

ajoute-t-il,

un peu après huit heures, en pleine possession de ses facultés, et paisible d'esprit, mais accablé par une torpeur obstinée. Il en était si incommodé qu'entre trois et quatre heures, cet après-midi, il essaya de sortir à cheval, comme il a l'habitude de le faire, chaque soir, quand il fait beau. Le temps froid et la faiblesse de sa tête et de ses jambes l'en empêchèrent : il rebroussa chemin et s'assit dans un fauteuil, près de la cheminée, qu'il préfère de beaucoup à son lit.

Il avait auprès de lui le fidèle Cavalieri.

Ce ne fut que l'avant-veille de sa mort qu'il consentit à se mettre au lit. Il dicta son testament, en pleine conscience, au milieu de ses amis et de ses gens. Il fit don de « son âme à Dieu et de son corps à la terre ». Il demanda à « revenir au moins mort » dans sa chère Florence. — Puis, il passa

> *da l'orribil procella in dolce calma,* (2)
> de l'horrible tempête dans le calme très doux.

C'était un vendredi de février, vers cinq heures du

---

(1) Lettre de Daniel de Volterre à Vasari. (17 mars 1564)
(2) *Poésies,* CLII.

soir. (1) Le jour tombait... « Dernier jour de sa vie, le premier dans le royaume de la paix !... » (2)

Il reposait enfin. Il avait atteint le but de ses désirs : il était sorti du temps

Beata l'alma, ove non corre tempo ! (3)

---

(1) Le vendredi 18 février 1564. — Tommaso dei Cavalieri, Daniel de Volterre, Diomede Leoni, les deux médecins Federigo Donati et Gherardo Fidelissimi, et le serviteur Antonio del Franzese, assistaient à sa mort. — Lionardo n'arriva à Rome que trois jours après.

(2)   *De giorni mie', ...*
         L'ultimo primo in piu tranquilla corte...
                              (*Poésies*, CIX, 41)

(3)   « Heureuse l'âme, où ne court plus le temps ! »
                              (*Poésies*, LIX)

Telle fut cette vie de divine douleur.

Fuss' io pur lui! c' a tal fortuna nato,
Per l'aspro esilio suo con la virtute
Dare' del mondo il piu felice stato! (1)

--

(1) *Poésies*, CIX, 87.

Au terme de cette histoire tragique, je me sens tourmenté d'un scrupule. Je me demande si, en voulant donner à ceux qui souffrent des compagnons de douleur qui les soutiennent, je n'ai pas fait qu'ajouter la douleur de ceux-ci à la douleur de ceux-là. Aurais-je donc dû plutôt, comme tant d'autres, ne montrer des héros que l'héroïsme et jeter un voile sur l'abîme de tristesse qui est en eux?

— Mais non! la vérité! Je n'ai pas promis à mes amis le bonheur au prix du mensonge, le bonheur quand même, à tout prix. Je leur ai promis la vérité, fût-ce au prix du bonheur, la vérité virile, qui sculpte les âmes éternelles. Son souffle est dur, mais il est pur : baignons-y nos cœurs anémiques.

Les grandes âmes sont comme de hautes cimes. Le vent les bat, les nuages les enveloppent; mais on y respire mieux et plus fort qu'ailleurs. L'air y a une pureté qui lave le cœur de ses souillures; et quand les nuées s'écartent, on domine le genre humain.

Telle fut cette montagne colossale, qui s'élevait au-dessus de l'Italie de la Renaissance, et dont nous voyons au loin se perdre dans le ciel le profil tourmenté.

Je ne prétends point que le commun des hommes puissent vivre sur ces sommets. Mais qu'un jour par année ils y montent en pèlerinage. Ils y renouvelleront le souffle de leurs poumons et le sang de leurs veines. Là-haut, ils se sentiront plus près de l'Éternel. Ensuite, ils redescendront vers la plaine de la vie, le cœur trempé pour le combat journalier.

ROMAIN ROLLAND

ANNEXES

ANNEXES

Poésies de Michel-Ange

I

Voir page 52

Signor, se vero è alcun proverbio antico
Questo è ben quel, che chi puo mai non vuole.
Tu ai creduto à favole e parole
E premiato chi è del ver nimico.
I' sono e fui gia tuo buon servo antico,
A te son dato come e raggi al sole,
E del mie tempo non ti incresce o dole,
E men ti piaccio, se piu m' afatico.
Gia sperai ascender per la ua alteza,
E 'l gusto peso e la potente spada
Fussi al bixognio e non la voce d'echo.
Ma 'l cielo è quel ch' ogni virtu dispreza
Locarla al mondo, se vuol, c' altri vada
A prender fructo d'un arbor, ch' secho.

(Poésies, édiiion Frey, III)

II

Voir pages 65-66

I' o gia facto un gozo in questo stento,
Come fa l'aqua a gacti in Lombardia
Over d' altro paese che si sia,
Ch' a forza 'l ventre apicha socto 'l mento.

La barba al cielo e la memoria sento
In sullo scrignio e 'l pecto fo d'arpia,
E 'l pennel sopra 'l viso tuctavia
Mel fa gocciando un richo pavimento.
E lombi entrati mi son nella peccia,
E fo del cul per chontrapeso groppa,
E passi senza gli ochi muovo invano.
Dinanzi mi s' allunga la chorteccia
E per piegarsi adietro si ragroppa,
E tendomi com' archo soriano.
   Pero fallace e strano
Surgie il iuditio, che la mente porta,
Che mal si tra' per cerboctana torta.
   La mia pictura morta
Difendi orma', Giovanni, e 'l mio onore,
Non sendo in loco bon ne io pictore.

(Poésies, IX)

III

Voir page 67

Grato e felice, c' a tuo feroci mali
Istare e vincer mi fu gia conciesso;
Or lasso, il pecto vo bagniando spesso
Chontra mie voglie e so, quante tu vali.
E se i dannosi e preteriti strali
Al segnio del mie cor non fur ma' presso,
Or puoi a cholpi vendichar te stesso
Di que begli ochi, e fien tucti mortali.
Da quanti lacci ancor, da quante rete
Vagho uccellecto per malignia sorte.
Champa molti anni per morire po' peggio,
Tal di me, Donne, amor, chome vedete,
Per darmi in questa eta piu crudel morte
Champato m' a gran tempo, chome veggio.

(Poésies, II)

IV

Voir page 68

Quanto si gode, lieta e ben contesta
Di flor, sopra crin d' or d' una, grillanda,
Che l' altro inanzi l' uno all' altro manda,
Chome ch' il primo sia a baciar la testa!
Contenta è tucto il giorno quella vesta
Che serra 'l pecto e poi par che si spanda,
E quel c' oro filato si domanda
Le guanci' e 'l collo di tochar non resta.
Ma piu lieto quel nastro par che goda,
Dorato im punta, con si facte tempre,
Che preme e tocha il pecto, che gli allaccia.
E la schiecta cintura, che s'annoda,
Mi par dir seco : qui vo' stringier sempre. —
‾Or che farebon dunche le mie braccia !

(Poésies, VII)

V

Voir page 68

. . . .
Quando un di sto, che veder non ti posso,
Non posso trovar pace in luogo ignuno ;
Se po' ti veggo, mi s'appicca adosso,
Come suole il mangiar fa al digiuno.
. . . .
Com' altri il ventre di votar si muore,
Ch' è piu 'l conforto, po' che pri' è 'l dolore.
. . . .
S' avien che la mi rida pure um poco
O mi saluti in mezzo della via,
Mi levo come polvere dal foco
O di bombarda o d' altra artiglicria.
Se mi domanda, subito m' affioco,

Perdo la voce e la riposta mia,
E subito s'arrende il gran desio.

. . . .

Tu m'entrasti per gli ochi, ond' io mi spargo
Come grappol d'agresto in un' ampolla,
Che doppo 'l collo crescie, ov' è piu largo.
Cosi l'inmagin tua, che fuor m' inmolla,
Dentro per gli ochi crescie, ond' io m' allargo,
Come pelle ove gonfia la midolla.
Entrando in me per si strecto viaggio,
Che tu mai n' esca, ardir creder non aggio.

(Poésies, XXXVI)

VI

Voir page 69, note 1

Com' aro dunque ardire
Senza vo' ma', mio ben, tenermi 'n vita,
S' io non posso al partir chiedervi aita?
Que' singulti e que' pianti e que' sospiri
Che 'l miser core voi accompagnorno,
Madonna, duramente dimostrorno
La mia propinqua morte, e' miei martìri.
Ma se ver è, che per assenzia mai
Mia fedel servitu vadia in obblio,
Il cor lasso con voi, che non è mio.

(Poésies, XI)

VII

Voir page 96

Per molti, Donna, anzi per mille amanti
Creata fusti e d'angelica forma;
Or par. che 'l ciel si dorma,
S' un sol s'apropria quel ch' è dato a tanti.
Ritorna a nostri pianti
Il bel degli ochi tuo, che par che schivi

Chi del suo dono in tal miseria è nato.
— De, non turbate i vostri desir santi,
Che chi di me par che vi spogli e privi
Col gran timor non gode il gran pechato;
Che degli amanti è men felice stato
Quello ove 'l gran desir gran copia affrena
C' una miseria, di speranza piena.

(Poésies, CIX, 48)

VIII

Voir page 97

S'alcun se stesso al mondo ancider lice,
Po' che per morte al ciel tornar si crede,
Sarie ben giusto a chi con tanta fede
Vive servendo miser' e 'nfelice.

. . . .

(Poésies, XXXVIII)

IX

Voir page 101

. . . .
Or, che nostra miseria el ciel ti tolle,
Increscati di me, che morto vivo.

. . . .

Tu se' del morir morto e facto divo
Ne tem' or piu cangiar vita ne voglia,
Che quasi senza invidia non lo scrivo.
Fortuna e 'l tempo dentro a vostra soglia
Non tenta trapassar, per chui s'adduce
Fra no' dubbia letitia e cierta doglia.
Nube non è che scuri vostra luce,
L'ore distinte a voi non fanno forza,
Caso o necessita non vi conduce.
Vostro splendor per nocte non s'ammorza
Ne crescie ma' per giorno, benche chiaro.

195

. . . . ,
Nel tuo morire el mio morire imparo,
Padre mie caro. . . . .
Non è, com' alcun crede, morte il peggio
A chi l'ultimo di trasciende al primo
Per gratia ecterno appresso al divin seggio;
Dove, Die gratia, ti prossummo e stimo
E spero di veder, se 'l freddo core
Mie ragion traggie dal terrestre limo.
E se tra 'l padre e 'l figlio octimo amore
Crescie nel ciel, cresciendo ogni virtute.

(Poésies, LVIII)

X

Voir page 102

Oilme, Oilme, ch' i' son tradito
Da giorni mie fugaci e dallo spechio,
Che 'l ver dice a ciascun, che fiso 'l guarda!
Cosi n'avièn, chi troppo al fin ritarda,
Com' o fact' io, che 'l tempo m' è fuggito,
Si trova come me 'n un giorno vechio.
Ne mi posso pentir ne m'apparechio
Ne mi consiglio con la morte appresso.
Nemico di me stesso,
Inutilmente i pianti e sospir verso,
Che non è danno pari al tempo perso.
Oilme, oilme, pur reiterando
Vo 'l mio passato tempo e non ritruovo
In tucto un giorno che sie stato mio !
Le fallaci speranze e 'l van desio,
Piangendo, amando, ardendo e sospirando —
Ch' affetto alcun mortal non mi è piu nuovo —
M' anno tenuto, ond' il conosco e pruovo:
Lontan certo dal vero,
Or com periglio pero ;
'Che 'l breve tempo m' è venuto manco,

196

Ne sarie ancor, se s'allungassi, stanco.
I' vo lasso, o'lme, ne so ben dove ;
Anzi temo, ch' il veggio, e 'l tempo andato
Me 'l mostra, ne mi val, che gli ochi chiuda.
Or che 'l tempo la scorza cangia e muda,
La morte e l'alma insieme ognior fan pruove,
La prima e la seconda, del mie stato.
E s' io non sono errato, —
Che Dio 'l voglia, ch' io sia ! —
L'etterna pena mia
Nel mal libero inteso oprato vero
Veggio, Signior, ne so quel ch' io mi spero.

(Poésies, XLIX)

XII

Voir page 108, note 1

Oltre qui fu, dove 'l mie amor mi tolse,
Suo merce, il core e vi è piu la vita.
Qui co' begli ochi mi promisse aita
E co' medesmi qui tor me la volse.
Quinci oltre mi lego, quivi mi sciolse.
Per me qui piansi e con doglia infinita
Da questo sasso vidi far partita
Colui, c' a mé mi tolse e non mi volse.

(Poésies, XXXV)

XIII

Voir page 108, note 2

Per sempre a morte e prima a voi fu' dato
Sol per un ora e con dilecto tanto
Porta' bellezza e po' lasciai tal pianto,
Che 'l me' sarebbe non esser ma' nato. (1)

(LXXIII, 29)

------

(1) « Moi qui vous ai été donné seulement pour une heure, je suis donné pour toujours à la mort. Plus ma beauté a charmé, plus de larmes elle laisse : — mieux eût valu que je ne fusse jamais né. »

S' i' fu' gia vivo, tu sol, piétra, il sai,
Che qui mi serri, e s'alcun mi ricorda,
Gli par sogniar i si morte è presta e 'ngorda,
Che quel che è stato non par fusse mai. (1)

(LXXIII, 22)

Chi qui morto mi piange indarno spera,
Bagniando l'ossa e 'l mie sepulcro, tucto
Ritornarmi com' arbor secho al fructo;
C'uom morto non risurge a primavera. (2)

(LXXIII, 21)

XIV

Voir page 112

Veggio co be vostr' ochi un dolce lume,
Che co mie ciechi gia veder non posso.
Porto co vostri piedi un pondo adosso,
Che de mie zoppi non è lor costume.
Volo con le vostr' ale e senza piume.
Col vostro ingegno al ciel sempre son mosso.
Dal vostro arbitrio son pallido et rosso,
Freddo al sol, caldo alle piu fredde brume.
Nel voler vostro è sol la voglia mia.
I miei pensier nel vostro cor si fanno.
Nel vostro fiato son le mie parole.
Come luna da se sol par ch'io sia,
Che gli ochi nostri in ciel veder non sanno
Se non quel tanto che n'accende il sole.

(*Poésies*, CIX, 19)

---

(1) « Si jamais j'ai vécu, toi seule le sais, pierre qui m'enserres ici. Et si quelqu'un se souvient de moi, il lui semble rêver : si rapide est la mort, que ce qui a été semble comme s'il n'avait jamais été. »

(2) « Qui me pleure mort espère en vain, baignant mes os et mon tombeau, que je refleurirai comme un arbre d'hiver : homme mort ne renaît pas au printemps. »

XV

Voir pages 112-113

S'un casto amor, s'una pieta superna,
S'una fortuna infra dua amanti equale,
S'un' aspra sorte all'un dell' altro cale,
S'un spirto, s'un voler duo cor governa,
S'un' anima in duo corpi è facta ecterna,
Ambo levando al cielo e com pari ale,
S'amor d'un colpo e d'un dorato strale
Le viscier di duo pecti arda e discierna,
S'amar l'un l'altro e nessun se medesmo
D'un gusto e d'un dilecto a tal mercede,
C' a un fin voglia l'uno e l'altro porre,
Se mille e mill' altri non sarien centesmo
A tal nodo d'amore, a tanta fede, —
E sol l'isdegnio il puo rompere e sciorre ?

(Poésies, XLIV)

XVI

Voir pages 113-114

S' i' amo sol di te, signior mie caro,
Quel che di te piu ami, non ti sdegni,
Che l'un dell' altro spirto s'innamora.
Quel che nel tuo bel volto bramo e 'mparo,
E mal compres' è dagl' umani ingegni,
Chi 'l vuol saper convien che prima mora.

(Poésies, XLV.

XVII

Voir page 114, note 3

....

O fussi sol la mie l'irsuta pelle,
Che del suo pel contesta, fa tal gonna,
Che con ventura stringe si bel seno,

Ch' i' l'are' pure il giorno; o le pianelle,
Che fanno a quel di lor basa e colonna,
Ch' i' pur ne porterei duo nev' almeno.

(Poésies, LXVI)

XVIII

Voir page 127

Felice spirto, che con zelo ardente,
Vechio alla morte, in vita il mio cor tieni
E fra mill' altrj tuo dilecti e beni
Me sol saluti fra piu nobil gente,
Chome mi fusti agli ochi, or alla mente
Per l'altru' fiate a consolar mi vieni;
Onde la speme il duol par che raffreni,
Che non men che 'l disio l'anima sente.
Dunche trovando in te chi per me parla
Gratia di te per me fra tante cure,
Tal gratia ne ringratia chi ti scrive.
Che sconcia e grande uxur saria a farla,
Donandoti turpissime picture
Per riaver persone belle e vive.

(Poésies, LXXXVIII)

XIX

Voir pages 128-129

Se 'l mie rozzo martello i duri sassi
Forma d'uman aspecto or questo or quello,
Dal ministro, che 'l guida iscorgie e tiello,
Prendendo il moto, va con gli altrui passi.
Ma quel divin che in ciel alberga e stassi
Altri e se piu col proprio andar fa bello;
E se nessun martel senza martello
Si puo far, da quel vivo ogni altro fassi.
E perche 'l colpo è di valor piu pieno
Quant' alza piu se stesso alla fucina,

Sopra 'l mio questo al ciel n'è gito a volo.
Onde a me non finito verra meno,
S'or non gli da la fabbrica divina
Aiuto a farlo, c'al mondo era solo.

(Poésies, CI)

XX

Voir page 129

Quand' el ministro de sospir mie tanti
Al mondo, agli ochi mei, a se si tolse,
Natura, che fra noi degnar lo volse,
Resto in vegognia, e chi lo vide in pianti.
Ma non come degli altri oggi si vanti
Del sol del sol, ch'allor ci spense e tolse,
Morte, c'amor ne vinse e farlo il tolse
In terra vivo e 'n ciel fra gli altri santi.
Cosi credette morte iniqua e rea
Finir il suon delle virtute sparte
E l'alma, che men bella esser potea.
Contrari effetti alluminan le carte
Di vita piu che 'n vita non solea,
E morto a'l ciel, c'allor non avea parte.

(Poésies, C)

XXI

Voir page 130, en note

. . . .

Amor, perche perdonj,
Tuo somma cortesia
Sie di belta qui tolta
A chj gusta et desia
Et data à gente stolta?
Dhe, falla un 'altra volta
Pietosa drento et si brutta di fori,
Ch'a me dispiaccia et di me s'innamori.

(Poésies, CIX, 63)

XXII

Voir page 143, note 2

Che fie di me? Che vo' tu far di nuovo
D'un arso legnio e d'un afllitto core?
Dimmelo um pocho, Amore,
Accio che io sappi, in che stato io mi truovo.

(Poésies, CX)

Amor...
D'un vechio stanco omai puo' goder poco:
Che l'alma, quasi gunta al' altra riva,
Fa scudo a tuo di piu pietosi strali;
E d'un legni' arso fà vil pruova il foco.

(Poésies, CXIX)

XXIII

Voir page 165

O nott', o dolce tempo, benche nero,
Con pac' ogn' opra sempr'al fin assalta.
Ben ved' e ben intende chi t'exalta,
Et chi t' honor' ha l'intellett' intero.
Tu mozzi et tronchi ogni stanco pensiero,
Che l' humid' ombra et ogni quiet' appalta,
Et dall' infima parte alla piu alta
In sogno spesso porti, ov' ire spero.
O ombra del morir, per cui si ferma
Ogni miseri', a l'alma, al cor nemica,
Ultimo delli afllitti et buon rimedio,
Tu rendi sana nostra carn' inferma,
Rasciug' i pianti et posi ogni fatica,
Et furi a chi ben vive ogn' ir' e tedio.

(Poésies, LXXVIII)

202

XXIV

Voir page 166

Mentre che 'l mie passato m' è presente,
Si come ogni or mi viene,
O mondo falso, allor conosco bene
L'errore e 'l danno dell' umana gente
Quel cor c' alfin consente
A tuo lusingi e a tuo van dilecti
Prochaccia all' alma dolorosi guai.
Ben lo sa chi lo sente,
Come spesso promecti
Altrui la pace e 'l ben, che tu non ai
Ne debbi aver gia mai.
Dunche a men gratia chi piu qua soggiorna;
Che chi men vive piu lieve al ciel torna.

(Poésies, CIX, 32)

XXV

Voir pages 166-167

Chondocto da molt' anni all' ultim' ore,
Tardi conosco, o mondo, i' tuo dilecti.
La pace, che non ai, altrui promecti
Et quel riposo c'anzi al nascer muore.
La vergognia e 'l timore
Degli anni, c'or prescrive
Il ciel, non mi rinnuova
Che 'l vecchio e dolce errore,
Nel qual chi troppo vive
L'anima ancide e nulla al corpo giova.
Il dico e so per pruova
Di me; che 'n ciel quel solo a miglior sorte
Ch'ebbe al suo parto piu pressa la morte.

(Poésies, CIX, 34)

XXVI

Voir page 171

Giunto è gia 'l corso della vita mia
Con tempestoso mar per fragil barca
Al comun porto, ov' a render si varca
Conto e ragion d'ogni opra trista e pia.
Onde l' affectuosa fantasia,
Che l'arte mi fece idol' e monarca,
Conosco or ben, com' era d'error carca,
E quel c'a mal suo grado ognuom desia.
Gli amorosi pensier, gia vani e lieti,
Che fien' or, s'a duo morte m'avicino ?
D'una so 'l certo, e l'altra mi minaccia.
Ne pinger ne scolpir fie piu che quieti
L'anima, volta a quell' amor divino
C'aperse a prender noi 'n croce le braccia.

(Poésies, CXLVII)

XXVII

Voir page 171, note 1

Scarco d'un' importuna e greve salma,
Signior mie caro, e dal mondo disciolto,
Qual fragil legnio a te stanco rivolto
Da l'orribil procella in dolce calma... (1)

(Poésies, CLII)

Di giorno in giorno insin da mie prim' annj,
Signior, sochorso tu mi fusti e guida... (2)

(Poésies, CXLIX)

---

(1) « Déchargé d'une importune et pesante dépouille, — mon
cher Seigneur ! — et détaché du monde, comme une barque fragile
je retourne à toi, lassé, de l'horrible tempête dans le doux
calme... »

(2) « De jour en jour, depuis mes premières années, Seigneur, tu
fus mon secours et mon guide... »

Le favole del mondo m'anno tolto
Il tempo, dato a contemplar Idio.

. . . .

Amezzami la strada, c'al ciel sale,
Signior mie caro. . . . .
Mectimi in odio quante 'l mondo vale,
E quante suo bellezze onoro e colo,
C'anzi morte caparri ecterna vita. (1)

(Poésies, CL)

'Carico d'anni e di pechati pieno... (2)

(Poésies, CLV)

Di morte certo, ma non gia dell' ora... (3)

(Poésies, CLVII)

XXVIII

Voir pages 177-178

I' sto rinchiuso come la midolla
Da la suo scorza, qua pover' et solo.

. . . .

Io teng' un calabron' in un horciuolo,
In un sacco di quoio ossa et capresti,
Tre pilole di pec' in un bocciuolo. (4)
Gl' occhi di biffa macinat' et pesti,
I denti come tasti di stormento,

----

(1) « Les chimères du monde m'ont volé le temps, qui m'avait été
donné pour contempler Dieu... Mon cher Seigneur, raccourcis-moi
de moitié la route qui monte au ciel, donne-moi la haine de tout
ce que vaut le monde, de toutes ses beautés que j'honore et que je
sers. Que la mort me conquière la vie éternelle! »

(2) « Chargé d'années et lourd de péchés... »

(3) « Certain de ma mort, mais non de l'heure de ma mort... »

(4) Allusion à la pierre, dont il souffrait : — « *Tre pietre nella
vesica* », explique Frey.

la vie de Michel-Ange

Ch'al moto lor la voce suon' e resti.
La faccia mia ha forma di spavento;

. . . .

Mi cova in un orecchio un ragnatelo;
Nel' altro canta un grillo tutta notte;
Ne dormo et russ' al catarroso anhelo.

. . . .

L'arte pregiata, ov'alcun tempo fui
Di tant' opinion, mi rec' à questo,
Povero vecchio et serv' in forz' altrui;
Ch' i' son disfatto, s' i' non muoio presto.

. . . .

Dilombato, crepat', infrant' et rotto
Son gia per le fatich', et l'osteria
È morte....

(Poésies, LXXXI)

Bibliographie

L. — Écrits de Michel-Ange

A. — *Poésies.*

Rime di Michelagnolo Buonarroti, raccolte da Michel-agnolo suo nipote, Giunti, Florence, 1623.

(Première édition, — fautive, — de l'ensemble des poésies de Michel-Ange, faite par son petit-neveu Michel-Ange le jeune)

Le Rime di M. A. B. cavate dagli autografi, e pubblicate da Cesare Guasti, Florence, 1863.

(Première édition des poésies, qui ait un caractère vraiment historique)

Die Dichtungen des Michelagniolo Buonarroti, herausgegeben und mit kritischem Apparate versehen von Dr Carl Frey, Professor der neueren Kunstgeschichte an der Universitaet Berlin, — mit einer Portraetradierung von Albert Krüger, und einer Heliographie nach Francesco da Holanda, — G. Grote'sche Verlagsbuchhandlung, Berlin, 1897.

(Édition modèle, seule exacte et complète, — suivie d'un admirable commentaire philologique et historique, — d'un choix de poésies adressées à Michel-Ange, — d'une table chronologique, d'extraits de lettres se rapportant aux poésies, — et d'une table alphabétique)

B. — *Lettres.*

Le Lettere di Michel Angelo Buonarroti, pubblicate coi Ricordi ed i Contratti artistici per cura di Gaetano Milanesi, Le Monnier, Florence, 1875.

II. — Ouvrages relatifs à la vie de Michel-Ange

A. — *Documents contemporains.*

Giorgio Vasari. — *Vite degli architetti, pittori e scultori,* 1550. (Première édition); — 1568 (deuxième édition).

Ascanio Condivi. — *Vita di Michel Angelo Buonarroti,* Antonio Blado, Rome, 1553.

Francisco da Hollanda. — *Quatre Entretiens sur la Peinture,* tenus à Rome en 1538-1539, — composés en 1548, — et publiés par Joachim de Vasconcellos, — traduction française dans les *Arts en Portugal,* par le comte A. Raczynski, Renouard, Paris, 1846.

Donato Giannotti. — *Dialoghi de' giorni che Dante consumò nel cercare l'Inferno e 'l Purgatorio,* — composés en 1545, — première édition, 1859, Florence.

Paolo Giovio. — *Michaelis Angeli Vita,* — publié d'abord par Tiraboschi : *Storia della lett. ital.,* tome IX, 1781, Modène.

Benvenuto Cellini. — *La Vita,* — écrite entre 1559 et 1562, — première édition, 1728, Naples.

Benedetto Varchi. — *Due Lezzioni,* Florence, 1549.

Benedetto Varchi. — *Orazione funerale recitata nelle esequie di Michel Angelo Buonarroti,* Giunti, Florence, 1564.

Francesco Berni. — *Opere burlesche,* Giunti, Florence, 1548.

Les Correspondants de Michel-Ange : — I. *Sebastiano del Piombo,* — texte italien publié pour la première fois par Gaetano Milanesi, avec traduction française de A. le Pileur, librairie de l'Art, Paris, 1890.

Sammlung ausgewaehlter Biographien Vasaris, herausgegeben von Carl Frey, — tome II. *Le Vite di M. A. B.* — (Édition critique de toutes les biographies de Michel-Ange, composées par les contemporains)

Giovanni Gaye. — *Carteggio inedito d'artisti dei secoli XIV, XV, XVI,* Florence, 1840.

BIBLIOGRAPHIE

DAELLI. — *Carte Michelangiolesche inedite*, Milan, 1865.

Sammlung ausgewaehlter Briefe an M. A. B., *heraus-gegeben von* CARL FREY, Berlin, 1899.

B. — *Ouvrages modernes.*

RICHARD DUPPA. — *The life and literary works of M. A. B.*, Londres, 1806, 1807.

QUATREMÈRE DE QUINCY. — *Histoire de la vie et des ouvrages de M. A. B.*, Paris, 1835.

HERMANN GRIMM. — *Das Leben Michelangelos*, — première édition, 1860, Hanovre, — septième et dernière, 1900, (avec illustrations).

AURÉLIO GOTTI. — *Vita di M. A. B.*, Florence, 1875.

L'Œuvre et la Vie de Michel-Ange, dessinateur, sculpteur, peintre, architecte et poète, par MM. Charles Blanc, E. Guillaume, Paül Mantz, Charles Garnier, Mézières, A. de Montaiglon, G. Duplessis et Louis Gonse, Paris, Gazette des Beaux-Arts, 1876.

C. HEATH WILSON. — *Life and works of M. B.*, Londres, 1876.

ANTON SPRINGER. — *Raffael und Michelangelo*, 1878, Leipzig.

LUDWIG VON SCHEFFLER. — *Michelangelo, eine Renaissance-Studie*, 1892, Altenburg.

JOHN ADDINGTON SYMMONDS. — *The Sonnets of M. A. B. and T. Campanella*, Londres, 1878.

JOHN ADDINGTON SYMMONDS. — *The life of M. A. B.*, Londres, 1893.

CARL JUSTI. — *Michelangelo*, 1900, Leipzig.

CORRADO RICCI. — *Michelangelo*, 1901, Florence.

ERNST STEINMANN. — *Die Sixtinische Capelle*, 1905, Bruckmann, Munich, tome II (pour l'iconographie de Michel-Ange et de Vittoria Colonna).

HENRY THODE. — *Michelangelo und das Ende der Renaissance*, — tome I, Grote, Berlin, 1902; — tome II, *ibid.*, 1903. (Cette œuvre considérable, — non encore achevée, — est l'essai le plus important qui ait été encore fait d'une étude psychologique et philosophique de Michel-Ange et de son temps. On y peut regretter, — sans parler d'une hantise wagnérienne, qui est fâcheuse et un peu baroque, — un abus de catégories abstraites et de divisions scolastiques, qui obscurcissent le sujet, au lieu de l'éclaircir, et qui ajoutent au désordre de la composition trop compacte. — Mais ces livres sont pleins d'idées, et forment un réservoir de documents extrêmement riche. J'y ai abondamment puisé, ainsi que dans les admirables éditions et études de Carl Frey.)

III. — Vittoria Colonna

Rime, première édition, 1538, Parme; — deuxième édition, 1539; — *con giunta di XVI Sonetti Spirituali*, 1539; — *con giunta di XXIV Sonetti Spirituali, e Trionfo della Croce*, 1544, Venise; — nombreuses éditions au seizième siècle.

Carteggio, publié par Erm. Ferrero et Gius. Müller, Torchi, Turin, 1892. (Recueil des lettres de — ou à — Vittoria Colonna, et des documents relatifs à sa vie : entre autres, de la *Vita di V. C.* par Filonico Alicarnasseo)

Lettere inedite, édition Salza, Florence, 1898.

Il codice delle rime di V. C. appartenente a Margherita, regina di Navarra, scoperto ed illustrato da D. Tordi, Pistoie, 1900.

Henry Roscoe. — *V. C. her life and poems*, Londres, 1868.

Giuseppe Campori. — *V. C. [Atti e Memorie delle R. R. Deputazioni di Storia Patria per le prov. dell' Emilia]*, tome III, Modène, 1878.

Alfred de Reumont. — *Vittoria Colonna*, Fribourg, 1881, — traduction italienne par Müller et Ferrero, 1892, Turin.

Alessandro Luzio. — *Vittoria Colonna [Riv. Storica Mantovana]*, tome I, Mantoue, 1885.

TABLE DES MATIÈRES

1658-12. — Coulommiers. Imp. PAUL BRODARD. — 911-12.